Nacimiento Personalizado.

Más allá del Parto Humanizado.

Dr. Claudio M. Góngora M.D.

Nacimiento Personalizado.

Contenido

AGRADECIMIENTOS.

A mi esposa Mita por su apoyo y amor incondicional.

A mis hijos Nicolás y Matías por impulsarme a buscar
una mejor versión de mí

A las doulas, instructoras y parteras que me
señalaron este camino.

A mis pacientes.

Capítulo 1. QUIERO SER GINECÓLOGO.

Ser testigo de un nacimiento es algo por demás
impactante, algo que puede cambiar la vida de un ser
humano en muchos sentidos y para siempre. No sólo
es ver de cerca el misterio de la vida, sino también de
ver en acción una infinidad de dinámicas que se han
desarrollado por milenios y que si bien se han
estandarizado o acoplado a un método médico,
traen una serie de complementos tan primitivos
como el arte de nacer.

Sin lugar a dudas escogí muy bien mi especialidad
médica! Pero la verdad es que cuando entré a
estudiar Medicina, la Ginecología y la Obstetricia
estaban muy lejos de lo que me había llevado a vestir
la bata blanca. Desde los 8 años estaba yo
convencido que quería ser médico y como un niño
normal el principal, si no el único contacto con un

médico es con su Pediatra. El Dr. Adrián Rodríguez
Macedo fue mi Pediatra desde el momento que nací,
recuerdo tan bien su consultorio, su cara, pero sobre
todo sus manos, como eran, como se sentían, pero
sobre todo esa blanquísima bata.

Sin más, pues podría ser material de otra historia
comencé a estudiar medicina pensando en ser
pediatra, para finales del primer año de la carrera no
estaba yo tan convencido de la pediatría, había yo
iniciado clases de fisiología y me vislumbraba en el
mundo de la cardiología. De lo que si estaba muy
seguro era que no quería ser ginecólogo, las pocas
clases con respecto a la ginecología no me
interesaban en lo absoluto, no veía en realidad nada
que me atrajera y es más, trataba de evitarla.

No fue si no hasta el tercer año de la carrera cuando
empezamos los ciclos clínicos en hospital. A mí me
tocó rotar con otros 30 compañeros en el Hospital
General de México, la Catedral de la Medicina
Mexicana, orgullo del porfiriato y aún resonaban los
pasos del Dr. Eduardo Liceaga. Todo era perfecto,
veía y exploraba pacientes, estudiaba, iba y venía por

distintos servicios, especialmente Medicina Interna, que placer de rotación médica.

Pero llegó aquel día que marcaría mi vida. No recuerdo la fecha exacta, pero sucedió de la nada. Llegando al servicio de Medicina Interna encontré una muy mala cara del médico en turno. -Buenas noches Doctor!- me dijo mostrando en el reloj de la pared un considerable retraso de mas de una hora. -Adiós!- me dijo haciendo la despedida con su mano derecha mientras mis compañeros de rotación me veían entre serios y burlones. Al salir del pabellón de medicina interna salí a buscar a mi coordinador y explicarle la situación.

-GINECO- dijo. -Ginecología, rápido antes de que te corran de ahí también!- Una hora tarde y a correr a encontrar en pabellón de ginecología que trataba yo de evitar a como diera lugar. Mi coordinador no tardó ni un segundo en decírmelo pues era el servicio al cual casi nadie quería ir y además no era obligatorio en la rotación de ese año, pero también era el servicio donde más pacientes había, cosa que encontré al llegar a la entrada de urgencias. Me presenté con el Dr. Coronel y al explicarle la situación me contestó -Labor!- mientras escribía en un papel. -*Anáhuac*, Castigado-. Dos palabras que me condenarían ese día.

Desde la entrada veía entrar y salir médicos, oía gritos, jadeos y al pasar la entrada de la sala de labor donde había 12 camillas con mujeres embarazadas algunas tranquilas, otras gritando, otras llorando, me recibió el jefe de la sala de labor, llamada Unidad Toco quirúrgica preguntado quién era y que hacía allí. No tuve el valor de darle el papel que traía en la mano y con una mentira le comenté que me habían mandado allí porque en mi unidad no llegó el encargado de darnos clase, como era una situación muy común, no preguntó más y me dio un uniforme quirúrgico y me encargó con una Médico Interno, que es estudiante de quinto año y en menos de 10 minutos pasé a ver el primer parto de mi vida.

Jamás había visto algo así, jamás había imaginado ese momento. Ver a una mujer cansada, sudorosa concentrar tal cantidad de energía, de poder de magia cósmica, de creación de tantas cosas que aún hasta este momento no puedo describir fue increíblemente impactante. Presenciar el nacimiento de un ser humano, oír su primer llanto, ver sus movimientos y ser colocado en el pecho de su madre no tiene forma de explicarse. Fue en realidad algo que no podía entender bien en ese momento. Salí del pato y me enseñaron a escuchar el corazón del bebé, otra Doctora me enseño a hacer un tacto vaginal para ver la dilatación cervical y cerca de la 1 P.M. al pasar a un paciente de la sala de labor a la sala de expulsión escuché unas palabras que desencadenaron un golpe de adrenalina súbito: -Ponte unos guantes y siéntate!- 30 segundo después comencé a ver algo obscuro emergiendo de la vagina de mi paciente, con mucha instrucción de los médicos presentes estaba yo atendiendo mi primer parto!! Con las bromas e instrucciones de los médicos instructores pasó toda la revisión y al salir de la sala de expulsión me di cuenta en el reloj que eran las 3 P.M., yo salía una hora antes pero estaba bien por la hora tarde de la entrada. Sin más entregué el uniforme y ya en mi ropa blanca tomando la salida de la unidad toco quirúrgica una voz me vino a la cabeza:- Esto es lo que quiero hacer toda mi vida!!, Quiero ser Ginecólogo!!-

Esas palabras me resonaron diariamente desde ese momento, pero no sería hasta 10 años después que recibiría mi título de especialista en Ginecología y Obstetricia.

Son casi 20 años desde ese día y lo recuerdo demasiado bien, es impactante como cualquier cambio de ruta te puede llevar a encontrarte con tu destino.

El resto es historia y a más de 20 años de ese momento me ha tocado presenciar, asistir o intervenir en más 5,000 nacimientos, los cuales me han dejado una huella muy especial y la inquietud de encontrar alguna manera que pueda ser llamada ideal para hacer de las experiencias de nacimiento, seguras, agradables y sobretodo únicas. A esto último es a lo que me quiero dedicar con más puntualidad y a lo que le llamo nacimiento personalizado.

También en el pasar de los años he pasado por muchas fases desde la gran intervencionista hasta la de evolución espontánea compartiendo experiencias con innumerables profesionales de la salud, médicos o parteras quienes según sus experiencias de vida justifican sus actitudes o falta de ellas con mucha seguridad y que he decidido siempre tomar en cuenta. Sin embargo no fue hasta hace unos 3 años que además de estas experiencias decidí tomar aún más en cuenta las experiencias de las mujeres para vivir, entender o cuando menos estar consiente de las impresiones desde el otro extremo de los nacimientos, pues cualquier escuela o libro nos comparte el conocimiento técnico o médico de la asistencia obstétrica pero sólo escuchando a las mujeres nos impregnamos de ese conocimiento ancestral del dar a luz.

Quiero explorar conceptos de nacimiento humanizado, personalización obstétrica, violencia y otros más que escuchamos día a día y que pareciera que en lugar de acercar a médicos, parteras y pacientes, pareciera que separa a todos con recelo, desconfianza y miedo, lo cual a mí opinión con un poco de conocimiento, honestidad y sensibilización podemos congraciar y aún más complementar para lograr esa magia en el nacimiento de un ser humano único e irrepetible.

Si de algo estoy seguro es que la sistematización del miedo es lo que nos ha traído a este momento de tribulación obstétrica y ese miedo es el verdadero elemento que debemos eliminar para lograr vivencias de nacimiento plenas en todos los aspectos y plenas para todas las figuras que interactúan en el desarrollo de un nacimiento.

Este libro está pensado para toda aquella persona que quiera adentrase un poco en el lado poco hablado de la obstetricia y que tenga una actitud conciliadora entre tantos conceptos erróneos, dramáticos, exagerados y otros muy reales que lo único que hacen es perpetuar esa sistematización del miedo.

Capítulo 2. EL ARTE DE NACER

En esta era de avances tecnológicos, dependencia electrónica, descubrimientos y demás cambios mundiales, se presenta una inquietud respecto a los nacimientos en donde por un lado los obstetras toman como prioridad la seguridad del binomio madre-hij@ y por otro lado están defensores del parto a evolución espontánea dando por sentada la seguridad y enfocándose en la no intervención. Pero la figura central del nacimiento que es la mujer embarazada llega a tener ese conflicto en donde siente que tiene que decidir a que bando acogerse pensando que por un lado la harán parir y por otro lado el nacimiento se dará sin su intervención. Lo que hace que se olvide de ese puente fantástico donde empoderada por ella misma logrará no sólo ser partícipe, sino líder en su experiencia de nacimiento de su bebé. Así es como llego a este concepto de "arte de nacer", puesto que independientemente de la forma de nacimiento, ya sea vaginal, abdominal, instrumentada, con o sin anestesia, la mujer interviene de la misma forma que un artista interviene en la creación de su obra, con su alma, espíritu y corazón conectados es ese momento, sin dejar que ningún elemento externo desaliente o distraiga esa conexión.

Lo que intento decir es que durante toda la gestación o embarazo, además de todas las preparaciones médicas, sociales ú otra acordes, la preparación espiritual y energética debe ser alentada, pero sobre todo asimilada por la mujer gestante para hacer una conexión con ese ser que se desarrolla dentro de ella y que le va a permitir desencadenar esa energía creadora durante el nacimiento. O sea que esta conexión es un verdadero empoderamiento, para que independientemente de la vía de nacimiento, éste sea absolutamente maravilloso, y no se cargue con emociones de vilipendio, desmoralización, o francamente de abuso, siendo que una mente y corazón fuertes son los verdaderos elementos que le dan al nacimiento su carácter y sobre todo darán cierta protección o cuando menos herramientas para enfrentar esa explosión energética que es un nacimiento.

Sin querer meterme a otros planos o explicaciones energéticas, quisiera tomar muy en cuenta la actitud del Dr. Michel Odent, ginecólogo francés que empezó en la década de los 1960´s con el empoderamiento no sólo de la mujer sino del nacimiento en su conjunto, promoviendo una serie de actitudes en la mujer y en el personal que la asiste, para lograr que sea esa misma mujer la que determine el progreso del nacimiento con herramientas adquiridas desde tiempo atrás y que aquellos que la asisten dejen el progreso en manos de esa artista que se conecta con esta serie de fenómenos o milagros que culminan en el nacimiento. Por eso considero que antes de hablar de cualquier tipo de actitud o de transgresión debemos estar muy conscientes de que el nacimiento es un arte oculto que espera que la mujer se descubra como su artista sin más interpretaciones pues cada obra es única y debe primero que nada ser vista por su creadora.

Desafortunadamente desde hace siglos muchos actores han querido determinar o coartar a estas artistas, definiendo, criticando o manejando esta creación, haciéndolas creer que no son ellas quienes determinan la obra sino una serie de actitudes manipuladas por terceros. Es por esta razón que primero que nada cada mujer gestante debe hacerse consciente de su fuerza creadora con la unidad de todo su corazón para estar absolutamente segura que ella es quien determinará el nacimiento y que si bien en un porcentaje cercano al 3% se presentarán situaciones que necesitarán apoyo de un equipo especializado para culminar esta obra.

Nótese que hablo de dos conceptos claros. 3% y apoyo. Esto es importante puesto que está demostrado que sólo el 3% de los nacimientos llegan a complicarse en menor o mayor medida y ahí es donde el personal obstétrico apoya a este nacimiento, no se roba el momento o la autoría y aunque si alguien de este equipo tiene actitudes más intrusivas es de vital importancia que la mujer siempre se considere la autora, pues de otro modo ella misma vivirá actitudes de frustración frente a un aparente "fracaso". Esto me lleva a recordar cuantas veces he visto grupos de aparente empoderamiento femenino que obliga a la mujer a concluir un nacimiento sin apoyo aún cuando es imperativo el apoyo y cuando es inminente el apoyo le cargan a esta mujer una idealización ciega de una responsabilidad que en el evento de ser cumplida se glorifica pero al no ser cumplida se le crucifica y se le llama cómplice del mismo equipo que la apoyó.

Por otro lado tengo que confesar que si bien soy un defensor de la teoría del Dr. Odent, que los nacimientos deben de ser iguales en todos los mamíferos sin intervención y fluyendo naturalmente, creo que el verdadero punto donde un ser humano debe intervenir al 100% es cuando la madre es consiente de lo que está sucediendo y con voluntad derivada de su psique puede moldear el nacimiento a sus propias expectativas, por esto mismo dentro de la preparación prenatal es importantísimo un entrenamiento no solo físico sino de decisión para modificar elementos y poder darle un "toque" personalizado a este nacimiento.

Esta última afirmación justifica junto con algunas otras el concepto que propongo de "nacimiento personalizado", porque aunque se defiende que la mujer es empoderada con la capacidad de gestación y nacimiento, es imposible negar que son muchos los actores que intervienen en un nacimiento, ya que hay círculos humanos que si intervienen en mayor o menor medida.

Estos círculos se entrelazan de varias formas y fluyen de adentro hacia afuera, teniendo como centro al binomio madre-hij@ en la siguiente secuencia:

1-Madre-Hij@

2-Familia Inmediata

3-Familia Extendida

4-Comunidad Social

5-Comunidad Geográfica

6-País

7-Continente

8-Planeta

9-Universo

Cada uno interviene en los demás, por lo que un nacimiento literalmente modifica al universo, por lo que deberíamos poner un poco más de atención puesto que es trascendental para la humanidad. Así es que sensibilizamos a toda la sociedad pero principalmente a la madre gestante o mujer pre gestante y al personal obstétrico con conceptos de "fluir" no sólo de forma acorde a la naturaleza, sino con el enriquecimiento que el ser "humano" nos ha conferido, en forma de funciones mentales superiores tales como el entendimiento, conocimiento, voluntad, intuición, creatividad, etc. Así que ese es el verdadero empoderamiento, el prepararse y ejercer ese conocimiento en la manera que nacen nuestros hijos y estar abiertos a asumir el rol que sea necesario durante el nacimiento de los bebés por venir, ya sea presenciar, asistir, atender o intervenir; puesto que cualquiera de estas es sólo una expresión de nuestra verdadera obligación que es ser "facilitadores de nacimiento" sabiendo que a veces si se puede aplicar el viejo refrán de "Más ayuda quién no estorba".

Termino defendiendo el concepto que el nacer es un arte, que tiene dos artistas en una sola unidad, arte que obligadamente debe ser apreciado por su artista para lograr el aprecio de quienes lo atestiguan y que además puede necesitar el apoyo de "facilitadores" que jamás deben aspirar a ser los artistas.

Probablemente hasta ahora parezca que me he olvidado del otro artista, del ser que se gesta en el vientre primordial y que en muchas ocasiones no es tomado en cuenta para las decisiones y los actos obstétricos. Ese pequeño ser en desarrollo que muchas veces es llamado "una cosita de nada" pero que es todo, todo digo porque es la razón de tanto esfuerzo, incentivo y premio al mismo tiempo que por mucho tiene una carga importantísima en los eventos obstétricos puesto que estoy absolutamente convencido que cada uno de nosotros tenemos mucho que ver en nuestro propio nacimiento.

Probablemente a lo largo de mis escritos de la impresión de ser repetitivo de muchos conceptos pero es necesario mencionar frecuentemente ideas para poder avanzar con las disertaciones, esto es en este caso necesario porque cuando hablábamos de la determinación de un artista para concluir una obra, cualquiera me podrá discutir de mi aseveración que el propio bebé sea también el artista o cuando menos un co-artista, esto es porque si defiendo la decisión y el deseo como partes fundamentales del proceso creativo, es también la decisión y el deseo de nacer de cada bebé el que es un plus en su propio nacimiento y por más disparatado que esto suene es completamente cierto, pero para llegar a entenderlo debemos pensar un poco más "out of the box", fuera de los paradigmas adquiridos y heredados, porque el deseo de nacer brota de las entrañas más íntimas de cualquier ser y aunque traducido frecuentemente como instintivo, la carga afectiva que se impregna desde el momento de la concepción es determinante puesto que toda carga afectiva dispara energía en forma de amor si es positiva y de miedo si es negativa con todas sus facetas intermedias según sea el caso.

Más de una persona podrá también entrar en la discusión de la incógnita afectiva de aquellos bebés no deseados o francamente rechazados desde su concepción, los cuales si bien a lo largo de su vida podrán mostrar las secuelas de ese rechazo, durante el evento obstétrico pueden y deben tener figuras rescatadoras para aminorar la falta de afecto. En términos más específicos creo, sostengo y propongo que el equipo de atención al nacimiento "ame mucho" a ese bebé y a esa mamá durante el evento. Leyeron muy bien, hay que amar mucho a las mamás, a los bebés y a los nacimientos para ser "facilitadores" de este poderosísimo momento creativo.

No es ninguna utopía o alguna aspiración onírica el desear y promover las atenciones obstétricas afectivas dentro de cualquier institución de salud o dentro del mismo hogar si se recibe al bebé ahí. Un entorno amoroso creará las situaciones más favorables para el nacimiento y eso también incluye una temperatura adecuada y una iluminación igualmente adecuada pero no con la óptica científica rigurosa, sino adecuada con la petición de la madre en estado de nacimiento. Mantener a las mujeres que van a dar a luz calientes y con iluminación tenue tiene mayores beneficios que cualquier curso, atención o monitorización.

Los "sonidos de la cueva" , así me gusta llamarlos a mí, son todas esas vibraciones auditivas que llenan ese espacio donde se llevará el nacimiento y si bien aunque estemos es una sala de labor en hospital, si podemos modificar esa frecuencia auditiva, modulando la voz, casi susurrando para permitir ese momento de transición lo más temprano posible, que dicho sea de paso esta es la máxima de la corriente de HypnoBirthing o HypnoParto, que sugiere la autosugestión de un estado de paz y de frecuencia de nacimiento que solo se puede encontrar de forma satisfactoria en un ambiente seguro, caliente y tenue como el de una cueva primordial.

Sin más, el nacimiento es una obra de arte, es arte en movimiento donde todos podemos ser elementos fundamentales de la experiencia, de la explosión energética y espiritual que es la emanación de un ser humano es este sistema cósmico dentro del cual todos tenemos igualmente participación. Entonces cómo es posible que queramos tomar bandos dentro de un quirófano o sala de labor, igualmente no me explico cómo es que cuando defendemos una bandera de un parto humanizado, persuadimos o inyectamos ideas también adquiridas a las madres pariendo y obligamos a cumplir "obligaciones" ancestrales, que son normativos de uno u otro grupo ideológico. Queremos imponer el "deseo" de la naturaleza, o forzamos el "avance" de la ciencia. Entablamos batallas entre la seguridad y el afecto, batallas entre la comodidad y el conocimiento, entre lo normal y lo monstruoso, entre tantas y tantas cosas y creencias inertes e inermes que lo único que hacen es iniciar, aumentar y perpetuar un conflicto dentro de una mujer que se entrega ciega a sus "guías", ya sean médicos o no, experimentados o no y en el momento de sugerir su participación activa es otro frente dentro de las batallas que les mencioné.

Qué diablos nos pasa a todos?- me pregunto y pregunto a quienes me prestan oídos, porque estamos tan sordos y ciegos y tan mancos y mudos que no comprendemos que no hay batallas puesto que sólo tenemos un objetivo y es el feliz nacimiento, el amor en movimiento que engrandece todo cuanto nos rodea y que todo es lo mismo y que aunque el mundo y la cultura social, milenaria o actual nos enseñe lo contrario es necesario conciliar todas esas partes para tener nacimientos, felices, fáciles, seguros, plenos, personales y francamente artísticos.

No hay nada más personal y mágico que nacer y dar nacimiento, no podemos estandarizar ni idealizar, no hay forma de generalizar, aunque por probabilidades y estadísticas se realicen o no actitudes o se obtengan resultados. Escuchemos y acompañemos como facilitadores y aquellas que son o serán madres escúchense y vívanse sin tratar de tener un plan

absolutamente hermético. ! Fluyamos todos!

Capítulo 3. PSICOGINECOLOGÍA

Todo empieza en la mente!!- El principio de tu salud, de tu bienestar y de tu plenitud como mujer está completamente a tu alcance. Desde hoy ten muy claro que aunque la medicina actual, llena de ciencia y descubrimientos nuevos se ha enfocado sólo a tratar la enfermedad y aunque la definición de salud por la Organización Mundial de la Salud tiene casi 30 años mencionando que la salud no sólo es ausencia de enfermedad, sino equilibrio biológico, psicológico y social, pareciera que cada vez que mencionamos las palabras Psicosomático o Estrés, entráramos al mundo de lo oculto, del esoterismo o de la charlatanería. Sin embargo todas las corrientes filosóficas o meditativas y la llamada medicina alternativa dan primordial interés en estas dos palabras como causa del desequilibrio Bio-Psico-Social, o sea de la enfermedad.

Desde hace más de 4000 años los principios herméticos de la antigüedad empezaban con "Todo es mente" y las escuelas de sanación han dado a este principio el primerísimo lugar de sus enseñanzas.

Soy médico Ginecólogo y he estado en la práctica ginecológica desde hace 13 años y en este tiempo he tenido la oportunidad de ver a las mujeres en múltiples aspectos y conocer una gran variedad de patologías y de desequilibrios. Al ser mi práctica exclusivamente femenina sólo me atrevo a dar una propuesta de salud a ellas, pero estoy convencido que es aplicable a todos los individuos independientemente de sexo, edad o circunstancia.

La propuesta de salud femenina integral que presento está englobada en un nuevo concepto al que le llamo PSICOGINECOLOGÍA.

La propuesta es clara y creo que hace mucho sentido. Si el Estrés es el principal desequilibrio Bio-Psico-Social, o sea la principal causa de ausencia de salud y por ende de enfermedad, el Estrés deberá ser el enemigo a vencer, y sin llegar a entrar en disertaciones del *Arte de la Guerra* de Sun Tzu, lo primero que debemos de tener muy claro es que el Estrés comienza en nuestra mente derivado de alguna situación interna o externa, real o imaginaria. Clarísimo, el Estrés es mental lo quieras creer o no. Lo que si es muy real es que el Estrés genera disfunciones orgánicas ya demostradas, en especial a nivel de HIPOTÁLAMO y de las glándulas SUPRARRENALES, principalmente alterando las hormonas producidas por ellas. Por eso la Psicoginecología se enfocará en equilibrar por medio de la mente a todo lo que cause estrés, para el bienestar femenino. Esto no es una propuesta nueva pero el hecho de darle un nombre y tener un concepto claro facilitará la sensibilización tanto de pacientes y médicos por igual.

PSICOGINECOLOGÍA

"Todo aquel estudio y aplicación de conocimientos y prácticas que se enfoquen en el equilibrio mental y psicológico, para prevenir y tratar las afectaciones en una mujer, que lleven a su plenitud biológica, psicológica y social." *Dr. Claudio Góngora 2016*

En ningún momento estoy proponiendo que nos olvidemos de la práctica médica actual, los medicamentos y las cirugías son muy efectivas y cuando están indicadas mejoran la calidad de vida de las mujeres, pero si alguna práctica que mejore tu estado mental complementará tu curación POR QUÉ NO INTEGRARLA?

Tengo muy claro que no hay pastillas ni cirugía contra el Estrés, por eso el integrar la práctica de la Psicoginecología a la atención diaria de mis pacientes ha demostrado un mayor éxito en la mejoría de la calidad de vida. #MejorandoTuCalidadDeVida.

La ecuación es clara y muy lógica:

"Si el desequilibrio mental (Estrés) te enferma, el equilibrio mental (Psicoginecología) te sana"

La mente controla TODO, ya no dejes que te enferme, haz que te ayude y sane.

<u>Hormonas alteradas por el Estrés:</u>

- Tirotropina
- Hormona Liberadora de Gonadotrofinas
- Prolactina
- Hormona del Crecimiento
- Hormona Liberadora de Corticotropina
- Adrenalina
- Cortisol

Además todas las hormonas que dependen de las anteriores también se alterarán indirectamente y los órganos y funciones dependientes de ellas.

<u>Consecuencias demostradas del Estrés</u>

- Pérdida de Pelo
- **Alteraciones Ovulatorias***
- **Alteraciones Menstruales***
- **Infertilidad***
- **Abortos espontáneos***
- **Menopausia Precoz***
- **Aumento de síntomas climatéricos***

- Acné

- Pérdida de Deseo Sexual

- Alteraciones digestivas

- Fatiga Crónica

- Alteraciones Afectivas

- Pérdida de Memoria

- Infartos

- Embolias

- Diabetes

- Cáncer

- Disminución en la Inmunidad

- Úlceras Gástricas

- *Muchas mas.....*

"¿***CÓMO SE PUEDE AYUDAR AL MÁXIMO A LA SALUD DE UNA MUJER SI SÓLO QUEREMOS PRESCRIBIR PASTILLAS Y HACER CIRUGÍAS?***" - Interesándonos en su equilibrio mental, no practicando sólo Ginecología, sino Psicoginecología.

Al integrar la Psicoginecología en la práctica médica diaria enfocada a la salud integral femenina disminuiremos el Estrés y estoy convencido que mejoraremos la calidad de vida de las mujeres de todas las edades y sin lugar a dudas ayudaremos a la prevención, mejoría y en muchas casos curación de alteraciones propias de las mujeres y de las que comparten con los hombres.

<u>Enfermedades que pueden mejorar con la Psicoginecología</u>

- Infertilidad
- Síndrome de Ovario Poliquístico
- Hiperandrogenismo
- Bochornos y Labilidad emocional
- Sangrados intermenstruales
- Falta de Menstruación
- Síndrome Premenstrual
- Falta de deseo sexual
- Resequedad vaginal

En la consulta médica y en la receta debemos integrar Psicoginecología, por lo que les pido que lo hablen con sus médicos y si alguno de ellos ya la integra felicítenlo mucho de mi parte y díganle que está haciendo PSICOGINECOLOGÍA

¿Cómo se traduce todo esto en la obstetricia, desde el inicio del embarazo? Pues en realidad los efectos son fantásticos, puesto que al mejorar el stress y disminuir los niveles de Cortisol, la resistencia a la insulina disminuye y la ovulación se normaliza haciendo que posteriormente la secreción de progesterona sea mejor y la implantación este más segura. Además que hace la Psicoginecología que una mujer sea autoconsciente de su ser en el aquí y en el ahora y desarrolle una mejor comunicación tanto con su cuerpo como su bebé que la mantendrá en excelentes condiciones para abrirse a la evolución espontánea y al aprendizaje o al entrenamiento prenatal. Esto sin lugar a dudas mejorará también la relación médico paciente y en el momento del nacimiento, ya sea por trabajo de parto o por cirugía el control mental logrará plenitud y erradicará cualquier estado ansioso. Si logramos un estado de "mindfulness" durante el embarazo las decisiones que cada mujer tome podrán complementarse con las propuestas terapéuticas del médico y además con los cuidados e indicaciones de cualquier facilitador.

Porque la primera facilitadora de nacimiento, obligadamente debe de ser la mismísima madre.

Desde tiempos inmemoriales los nacimientos y los embarazos han estado rodeados de mucho miedo y mucha angustia, no sólo por familiares o historias contadas por nuestros conocidos, sino también por los mismos médicos. La única forma de poder ser objetivos pero al mismo tiempo lograr la plenitud de un nacimiento y del empoderamiento es el romper las ataduras del miedo impuesto y aprendido y liberarnos de paradigmas.

Recomendaciones que da un médico que practica Psicoginecología:

- Bailar
- Hacer ejercicio al aire libre
- Leer
- Meditación
- Atracción de pensamientos positivos
- Reír a carcajadas
- Psicoterapia
- Escuchar música

- Saltar en Tumbling (hasta los 4 meses de embarazo)
- Tener una mascota
- Practicar la Gratitud
- Echar relajo
- Ver películas con mensajes positivos
- Seguir a personajes que inspiran
- Apagar el celular
- Mentalizarse en cómo te vas a sentir después de un tratamiento
- Aromaterapia
- Yoga
- *Cualquier cosa que te haga SENTIR BIEN!!!*

Si cada vez más le damos PODER POSITIVO a la mente, lograremos una vida como debe de ser, PLENA Y ABUNDANTE de SALUD, ALEGRÍA y PROSPERIDAD

Capítulo 4. LA SISTEMATIZACIÓN DEL MIEDO

Hace algún tiempo tuve la oportunidad de ser invitado a la muestra internacional de cine con perspectiva de género dentro del programa 100 horas de activismo en la ciudad de México y me tocó realizar una ponencia sobre un filme argentino llamado Parir de la directora Florencia Mújica, el cual representaba varios casos de nacimiento en Argentina con distintas acepciones según el medio socio económico. Retrataba una realidad que es muy similar en México y en toda América latina.

NO GRITES!, NO TE MUEVAS!, PUJA MÁS!, ASÍ NO!, ESTÁS LASTIMANDO A TU BEBÉ!, ABRE LAS PIERNAS!, NO VA A CABER TU BEBÉ, TU CADERA NO ES BUENA!, MEJOR NO NOS ARRIESGUEMOS!, etc., etc.

Todas estas palabras y frases son escuchadas durante la atención de partos todos los días en todos los hospitales, independientemente que sean ciertas o no. En Argentina el 70% de las mujeres que son madres reporta haber tenido algún tipo de trato violento ya sea físico o psicológico y esa cifra en México llega al 90%. Entendiendo que gritar, maltratar, forzar, asustar o decir cosas incómodas es agresión, sin más y la agresión independientemente de su intensidad o de su intención es violencia, sin más. Además que aunque suene obvio, sólo las mujeres dan a nacer, por lo que cualquier tipo de agresión a una mujer embarazada es el ejemplo más puro de violencia de género, o sea la agresión de desarrolla por la condición de ser mujer.

Desde hace más de dos décadas, la Organización Mundial de la salud, señaló que los nacimientos deben ser una experiencia positiva, segura y que debe de dejar un recuerdo agradable. Hace casi 50 años Michel Odent señaló que el apoyo a la mujer que da a nacer sebe seguir los siguientes principios básicos:

-Acompañamiento

-Confort

-Seguridad

La violencia también incluye todas aquellas actitudes y procedimientos sin indicación médica absoluta, rutinarios o sin consentimiento informado tales como inmovilización, sujeción, uterotónicos, maniobras de Kristeller y episiotomía. Puesto que internacionalmente se observa que al 97% de los nacimientos se desarrollarán sin complicaciones y sólo en el 3% restante será necesaria alguna acción o procedimiento para minimizar o evitar riesgos.

Gracias a dios que existen las cesáreas y los fórceps y las episiotomías para ese 3%, y es responsabilidad de los profesionales aplicar sin dilación lo necesario en ese 3%, pero proponer algún tratamiento innecesario es una completa transgresión a los derechos sexuales y reproductivos de una mujer y aún más si son forzados por miedo, ya sea real o infundado. Considerar que todas las pacientes necesitan una episiotomía para evitar un desgarro es una completa agresión y realizar una episiotomía innecesariamente lo nombro una mutilación genital. Por otro lado si se realiza una operación cesárea sin indicación médica o preferencia real y por escrito de la paciente, es someter a un riesgo de hasta el 15% de complicaciones graves, comparada con el 3% del parto. Una cesárea innecesaria es prácticamente inmoral sino hasta criminal.

Pareciera que todo debiera de girar alrededor del médico y del hospital, hace varias décadas concretamente en 1954 el Dr. Friedman diseñó una tabla que describía la progresión del trabajo de parto normal, pero para tomarla como referencia y no para querer que todas las mujeres se ajustaran a ella y mucho menos para justificar intervenciones o invasiones que aceleran un proceso que es muy difícil de delimitar en un espacio de tiempo determinado.

Otro dato que siempre me ha llamado muchísimo la atención es que aquellas mujeres maltratadas durante el nacimiento de sus bebés, mencionan que la figura principal de agresión es otra mujer en casi el 70% de los casos. ¿Por qué es esto?

La respuesta que me viene a la mente es –Violencia Generacional-, y a lo que me refiero con esto es que por siglos hemos aceptado que los nacimientos están unidos al dolor, miedo y la violencia y por lo menos desde la época victoriana se aceptó a la figura del médico obstetra como una entidad todo poderosa que debía de aceptarse en una actitud sumisa por un grupo de mujeres educadas para soportar cualquier cosa que viniera de un hombre y mucho más de un médico. Sin embargo esta actitud aprendida fue también transmitida por aquellas médicas que trataban de hacerse camino en un mundo de hombres y hasta nuestros días pareciera que toda esta violencia no sólo es tolerada sino en michos casos hasta buscada en extremos que al no estar presente muchas mujeres se sienten mal atendidas.

Tal pereciera que estamos ante un culto que acepta el maltrato y la violencia durante la atención de los nacimientos de tal manera que llega a normalizarse su presencia y todo aquello que vemos normal no se acusa.

Por otro lado una gran cantidad de grupos humanos han propuesto que la solución a este tipo de agresiones sea la verticalidad de género, cosa que es igualmente atroz puesto que insta a los hombres a pensar cosas como estas:

Imagine que es su mamá

¿Que tal si fuera su esposa?

Podría ser mi hija.

Lo llamo atroz porque seguimos pensando en las mujeres en un nicho de poco valor sin empoderamiento, bajo figuras que deben protegerlas hasta de ellas mismas. Nada más triste y nada más alejado de lo que yo propongo como la transversalidad del género con la óptica obstétrica. En esta forma trascendemos estereotipos de género pensando más bien lo siguiente:

! Esa persona podría ser YO!

Esto tendrá alcances increíbles y si bien es casi imposible imponerlo en las escuelas y en los hospitales, si podríamos empezar desde ya a transmitir esto en nuestros hogares con nuestros hijos y nietos, para que así podamos modificar ese ideal que es la medicina basada en evidencias y podamos hacer un poco más de medicina basada en la empatía.

Veámonos en los zapatos del ser humano que está frente a nosotros!

Es para mí realmente increíble que la sistematización del maltrato obstétrico vaya a la alza independientemente de todas las campañas de sensibilización. Lo que también puedo decir sin el menor temor a equivocarme es que la violencia, el maltrato y todos los demás datos inhumanos han aumentado porque todos nosotros lo hemos permitido.

No más. No podemos continuar así justificando nuestras acciones por miedo. Si bien las complicaciones obstétricas llegan a ser muy graves y trágicas, no podemos comportarnos siempre con las complicaciones a flor de piel o pensando que todo se va a complicar. El problema es que los mismos médicos obstetras somos los primeros que vivimos con miedo los nacimientos, por lo tanto queremos transmitir el mismo miedo a nuestras pacientes y a los actores de nacimiento. Haciendo un círculo vicioso entre médicos, equipos y pacientes de miedo. Esto hace lo que llamo la —Sistematización del Miedo— que anquilosa cualquier proceso de nacimiento.

Tratando de "proteger y evitar", realizamos actitudes graves. Tomemos en cuenta la siguiente secuencia:

-Actitudes Violentas a Mujeres: Violencia de Género

-Violencia Obstétrica: Violencia de Género

-Violencia de Género: Violación a los Derechos Humanos

-Violencia Obstétrica: Violación a los Derechos Sexuales y Reproductivos (DSR)

-Violación a DSR: Violación a los Derechos Humanos

-Violación Sistemática a los Derechos Humanos de un grupo humano específico: Crimen de Lesa Humanidad

-Violación Sistemática a los DSR: Crimen de Lesa
Humanidad

En realidad no es raro que la gente me mire con
incredulidad cuando les digo que la violencia
obstétrica sistematizada es un crimen de Lesa
humanidad, pero no creo en lo absoluto que esté
exagerando, puesto que no encuentro otra forma de
llamarle y cuando aprendamos a llamarle a las cosas
por su nombre podremos hacer conciencia y dejar de
justificar verdaderas atrocidades.

Es también una realidad, sobre todo en los hospitales
institucionales públicos que esto se llega a
incrementar al no permitirle a las mamás estar
acompañadas por sus parejas o por sus instructoras
prenatales, puesto que envalentona al equipo de
salud a ser agresivo. Es más no es raro que se tenga
una experiencia traumática cuando se está sola y
cuando entran los familiares a visitar a la nueva
mamá esta debe callar el dolor de lo que le aconteció
para no parecer inconforme o desagradecida con su
bebé. Este stress post traumático en muchos casos
evita que exista un nuevo embarazo, tensiona la

relación sexual de las parejas y en la gran mayoría de los casos no se comunica, excepto a las hijas que llegan a embarazarse y se ve como preparación del trauma que "deberán" de sufrir y en su momento callar. ¿Que tan enfermo es esto?

La violencia obstétrica en un crimen derivado de la sistematización del miedo y debe ser castigado y sobre todo evitado a como de lugar. Sin discusiones. Sin exageración. Debe ser erradicado.

La forma de dejar de tener miedo es prepararnos, estudiar, estar educados de las reales posibilidades de complicaciones pero también de la gran tasa de éxito sin complicaciones. Mentir que la pelvis no es útil por miedo a que se atore aunque parezca adecuada es imperdonable, es castrar la experiencia de la elección de la maternidad a la mala. El argumento de la cesárea para disminuir riesgos también es una falacia. Todo tiene su indicación y cuando un trabajo de parto a normal con una tasa de mortalidad del 40% es sustituido por una cesárea con riesgo del 12% nadie lo discute, es más, hasta puede ser aplaudido, sin embargo mentir jamás podrá ser justificado. Hasta decirle a la paciente que se tiene el miedo de la complicación es más acertado.

En realidad la disminución de la muerte materna y/o fetal a través de los años ha disminuido por el control prenatal y el uso de medicamentos, no por aumentar la incidencia de cesárea.

Sólo el 3% se complican independientemente del lugar y del médico, entonces por qué tratar con tanta agresión al 97% restante?

Tengo casi 15 años siendo obstetra y he auxiliado casi seis mil nacimientos, he visto cosas horribles, he presenciado muertes maternas, pero jamás he dejado que me nuble el miedo. Siempre estoy al tanto de las posibles complicaciones, siempre estoy preparado para atenderlas tan pronto las detecte, pero no creo que actuar con miedo y transmitirlo sea la respuesta para actuar así. En la obstetricia no se debe de ser ni temeroso ni temerario, sólo hacer lo que se necesita. Ni más, ni menos.

Creo que hemos ido demasiado lejos y debemos hacer un frente común todos los actores de nacimiento, no hay ellos y nosotros, no podemos estar peleándonos con las doulas, con las parteras, con las enfermeras, con otros médicos, con las mamás, con todos. Tenemos que estar conscientes que nuestro papel es de facilitar los nacimientos y ser facilitadores de nacimiento. ¿Cómo se puede ser un facilitador de nacimiento? Fácil. Aceptemos que nuestros papeles no siempre son los mismos, que a veces hay que ser activos, pasivos, proactivos, reactivos, etc. Que a veces es necesario extraer a un bebé y en otras sólo observar como sale por la vulva. Saber que a veces hay que mover mucho las manos en una cesárea o fórceps y otras debemos cruzar los brazos sólo maravillándonos como mamá da a nacer.

Capítulo 5. LOS TEMIDOS FÓRCEPS

Desde antes de iniciar mi carrera médica ya había oído de las atrocidades cometidas por un instrumento llamado "medieval", un verdadero asesino, un instrumento aplicado para causar más dolor en una mujer pariendo, un "fierro" que merecía ser desterrado del mundo, pues era responsable de verdaderas tragedias.

Qué equivocado estaba!!! El tiempo me enseñaría lo contrario.

Pasaron los años de la carrera de Medicina y al momento de estar en adiestramiento para convertirme en Ginecólogo y Obstetra, durante un parto complicado, hicieron su aparición los Fórceps. Era un caso donde una mujer joven de aproximadamente 24 años durante el parto de su primer bebé en el momento de dar a luz y después de un trabajo de parto de más de 10 horas exclamó -

Ya no puedo más!!- . No podía creer lo que escuchaba, tenía yo 25 años y al ver que esta mujer con su bebé a solo unos 2 cms.de salir por su vagina se rendía, no podía sacar ni un sólo ápice de fuerza para facilitar la salida de su hijo! En esos momentos mi maestro, un obstetra de no más de 40 años pidió escuchar el corazón del bebé el cual empezaba a bajar su frecuencia, demostrando sufrimiento fetal. Yo inmediatamente le dije -Maestro, hay que realizar una Cesárea inmediatamente!!-. Mi maestro sin hacer un sólo gesto pidió a la enfermera del turno – Traiga unos Fórceps de Simpson inmediatamente!!!- Se me salieron los ojos!!! Si están prohibidos!! Si son peligrosísimos!!.

Mi maestro tomó esos instrumentos del mal y con una destreza elegante los desarticuló, coloco una rama dentro de la vagina, siguió la otra y con una tracción casi infantil extrajo a un bellísimo bebé varón que lloró inmediatamente. Revisé al pequeño y vi solo un leve enrojecimiento en su mejilla. Estaba yo aún más sorprendido!!! El bebé Vivo!!! Lo revisó el médico pediatra muy satisfecho y al final de la revisión se acercó a mi maestro diciendo – Excelente maniobra, muy a tiempo!!-

Ya en el vestidor no pude contener mi interés y al preguntarle a mi maestro el por qué de la decisión del Fórceps me dijo serenamente -Con un bebé tan cerca de salir, realizar una cesárea tomaría cuando menos 10 minutos, en ese tiempo el bebé podría asfixiarse o morir, unos Fórceps en manos expertas salvan la vida de un bebé sacándolo en 30 segundos-

Lo que sucedió después fue que desde ese momento me angustiaba que a mitad del parto tuviera alguna complicación con un bebé ya a punto de salir y que no tuviera anestesiólogo, que se tardara pasar a cesárea o que si hacía una cesárea fuera muy complicado sacar por el abdomen a un bebé que prácticamente ya estaba fuera de la vagina.

Desde ese momento entendí que este instrumento había sido injustamente satanizado, investigué y encontré que se usa en muchas partes del mundo y si bien sus complicaciones son graves, estas son muy raras y en casi todos los casos se presentan cuando quien los coloca no es un experto. Por eso durante todo mi adiestramiento busqué a los grandes expertos para aprender y para el final de mi Residencia había yo colocado 198 Fórceps, sin NINGUNA complicación en cada uno de los casos.

Toda esta introducción es para ser el Abogado de este valiosísimo instrumento, el cual cuando es bien indicado y bien colocado salva la vida de los bebés, siendo por otro lado un instrumento muy peligroso cuando no está bien indicado en manos no expertas.

Soy un convencido que si el trabajo de parto no avanza bien es mejor resolver por cesárea y reservar los Fórceps a casos de verdadera urgencia (no frecuentes afortunadamente), por lo que los Fórceps son una opción en verdaderos casos de vida o muerte.

A lo largo de la historia vemos muchos datos para la aplicación de los Fórceps, en mi muy personal caso, mi conducta a seguir es la siguiente:

1. Conocer MUY BIEN el instrumento y la técnica para colocarlo
2. Conocer EXACTAMENTE la posición de la cabeza fetal
3. Saber SIN DUDAS que la pelvis es adecuada para un parto
4. Dilatación cervical COMPLETA
5. Altura del Bebé en 3er plano de Hodge o +2 de DeLee (ABAJO)
6. Membranas Rotas
7. Analgesia Adecuada

- Agotamiento Materno
- Sufrimiento Fetal Agudo
- Falta de descenso de la Presentación
- Complicaciones Maternas Agudas
- Expulsivo Prolongado

- Pelvis estrecha
- Dilatación incompleta
- Bebé arriba de las espinas isquiáticas (alto)
- Incapacidad de determinar la posición de la cabeza
- No estar seguro de la toma (Parieto Malar)

Las complicaciones pueden ser muy graves pero así mismo son muy raras, mas o menos 1 en cada 10,000 partos con Fórceps.

- Lesión Vaginal
- Lesión al Bebé

DATOS RÁPIDOS:

- NO HAY INSTRUMENTOS MALOS SINO MALAS INDICACIONES

- PREGUNTA A TU OBSTETRA SI ES EXPERTO O NO EN FÓRCEPS
- BIEN INDICADOS Y BIEN PUESTOS LOS FÓRCEPS SALVAN BEBÉS
- SIEMPRE ES MEJOR UNA CESÁREA CON TIEMPO QUE FÓRCEPS DE URGENCIA
- SI LOS FÓRCEPS NO QUEDAN BIEN O NO HAY SEGURIDAD ES MEJOR CESÁREA
- LOS OBSTETRAS QUEREMOS BEBES Y MAMAS SAN@S, CONFÍA EN NUESTRAS DECISIONES.
- SI BIEN NO HAY GARANTÍAS EN NINGÚN PROCEDIMIENTO LAS COMPLICACIONES SON POCO FRECUENTES
- ***AUNQUE SEA INCREÍBLE SI HAY CASOS DONDE LO IDEAL ES APLICAR FÓRCEPS***

Capítulo 6. EPISIOTOMÍA INJUSTIFICADA

Seguimos mutilando los genitales femeninos indiscriminadamente en México y nadie puede quitarle el velo de procedimiento médico a la episiotomía. Toda la medicina avanza a pasos agigantados casi siempre con la guía o cuando menos la consideración ética o siquiera con la óptica de los derechos humanos menos las prácticas de atención obstétrica. Aún se ven en la mayoría de los hospitales sean públicos o privados las episiotomías injustificadas, impuestas y no consentidas.

Ni tan sólo un poco siento exagerada mi afirmación de que de forma "institucionalizada" se mutilan los genitales femeninos. Si bien estoy completamente de acuerdo que la ampliación quirúrgica del canal vaginal puede ayudar a la expulsión de un feto que se encuentra detenido en su posición, debo ser en extremo firme que la experiencia ha enseñado que sólo el 3% de los partos necesitarán un procedimiento quirúrgico, tal sea la operación cesárea, la aplicación de fórceps o de la realización de episiotomía. De los mas o menos 300 partos que he atendido en la medicina institucional pública en México puedo aseverar que sólo he realizado 7 episiotomías las cuales tenían consentimiento informado y se realizaron con todos los cuidados quirúrgicos y de sobremanera no excediendo más allá de los 3cm. De esos mismos 300 partos sólo se encontraron 20 desgarros arriba de segundo grado comprendiendo así que en manos expertas es falsísima la expresión que justifica la episiotomía por adjudicarle propiedades de prevención de desgarros. Siendo así que solo el 6.6% se desgarró en mi práctica del año 2016.

No es la intensión de entrar en querellas estadísticas, pero es en extremo necesario concientizar que una episiotomía arbitraria si es una mutilación genital, puesto que la misma Organización Mundial de la Salud designa como Mutilación Genital Femenina tipo 4 a los procedimientos lesivos de los genitales externos con fines no médicos. Y al no justificar en una nota médica una episiotomía la necesidad de realizarla entra como mutilación genital del tipo 4 por desinfibulación. Además que en la gran mayoría de los casos se trata este parto como una eutocia y como un puerperio fisiológico. Nada más alejado de la realizada, pues aunque se quiera insistir que se amplía el canal vaginal por necesidad absoluta, se realiza un corte en el piso pélvico en 3 ramas del elevador del ano, del esfínter y del músculo bulbo cavernoso, que en el mejor de los casos sólo dejará fibrosis pero en casos más extremos lleva no sólo a la incontinencia urinaria o fecal sino a la dispareunia o coito doloroso por el resto de la vida sexual de una mujer.

¿Por qué entonces no vemos a la episiotomía como un procedimiento quirúrgico complejo?

Se bien la realización de una operación cesárea debe llevar la comprobación de medidas de seguridad absolutas y la colocación de fórceps exige una justificación absoluta, la realización de una episiotomía demanda no sólo manos expertas en su realización, sino una óptica reproductiva y de derechos humanos para saber cuando NO realizarla. Pues es realmente triste que la gran mayoría de los obstetras realicen este acto para acelerar los partos sin considerar las complicaciones a las que orillan a las pacientes. Esto además, sin lugar a dudas es una continuación de la violencia obstétrica impune que se sigue ejerciendo bajo la máscara de "autoridad médica", pues es siempre directa la proporción de episiotomías injustificadas con el abuso de uterotónicos y partos no respetados e inhumanos.

En los casi 15 años que llevo ejerciendo la obstetricia he visto muchos cambios o modas en corrientes de nacimiento humanizado, con un incremento mínimo, pero incremento en la sensibilización de los obstetras con los derechos reproductivos de la mujeres. Sin embargo la realización de la episiotomía rutinaria no ha disminuido gran cosa, lo cual es alarmante pues denota poca información respecto a los derechos humanos, pues sea como sea un procedimiento arbitrario e injustificado es una lesión dolosa.

Desde 1997 la Organización Mundial de la Salud sacó lineamientos para la erradicación de la Mutilación Genital Femenina y mencionaba que los lugares donde más riesgo de persistencia había era aquellos donde era socialmente aceptada. No entran aquí los hospitales?. Todo proveedor de salud que realiza una episiotomía injustificada y arbitraria mutila los genitales de una mujer que confía en sus conocimientos. Con ello se genera un círculo de indiferencia ante esta práctica abominable que se compara con aquellas prácticas de amputación de miembros por alguna fractura en épocas donde no se contaba con antibióticos. Episiotomía rutinaria es lo mismo que Fórceps rutinarios o Cesárea rutinaria. Por otro lado de ser necesaria la episiotomía es utilísima en casos de perinés resistentes, episiotomías previas fibrosas o queloides o en presentación anormales de los fetos, siempre y cuando se tenga experiencia suficiente en la perfecta reparación y se cuente con el consentimiento informado de la paciente.

De aquel 3% de los partos que ameritarán un procedimiento quirúrgico demos las gracias que hay manos diestras para realizarlos, pero hagamos campaña para que esas mismas manos permanezcan tranquilas en el 97% de los nacimientos restantes.

Por lo anterior siguiendo los lineamientos de la OMS la episiotomía rutinaria injustificada y arbitraria es una Mutilación Genital Femenina y no debe ser tolerada.

Es cierto que los otros tipos de Mutilación Genital Femenina (1,2 y 3) son por mucho distintas y más atroces que la episiotomía no podemos minimizar que sí es un corte genital, que sí trae complicaciones a corto, mediano y largo plazo, que sí interviene con el desarrollo sexual de una mujer y que sólo debe ser realizado con justificación y consentimiento.

Capítulo 7. LA OXITOCINA: ¿ELIXIR BENDITO O VENENO MALDITO?

Cualquier ginecólogo puede recitar sin problema al ser cuestionado sobre lo que es la oxitocina:

"La oxitocina es un nonapéptido sintetizado en los núcleos supra óptico y para ventricular del hipotálamo, que es liberada a través de la neurohipófisis a la circulación y que tiene por función la regulación de las contracciones uterinas durante el trabajo de parto, etcétera, etcétera. "

Por otra parte en mi experiencia como ginecólogo he escuchado más o menos lo mismo de mis pacientes con respecto a la oxitocina:

"Es lo que te ponen los doctores para producirte el parto o para acelerarlo"

Las dos son correctas pero por mucho muy limitadas. Pocos son los ginecólogos, obstetras o parteras que conocen que la oxitocina es en realidad un neuromodulador, del cual se han descubierto y demostrado una infinidad de propiedades tanto en la mujer no embarazada como en la embarazada antes, durante y después del nacimiento.

La complicación de todo en realidad empezó desde la síntesis en 1953 por Vincent du Vigneaud de tanto la oxitocina y de la vasopresina, que por cierto le valió el Premio Nobel de Química. Se pudo demostrar que la oxitocina era responsable de la regulación de las contracciones del útero y por eso el nombre que en griego significa "parto rápido".

Sin embargo sabemos actualmente que la oxitocina es un neuropéptido que interviene más que nada en la modulación afectiva en las relaciones interpersonales de los seres humanos y cuya liberación es muy alta durante situaciones placenteras como el enamoramiento o el orgasmo. Lo que amplía a la oxitocina como un verdadero regulador y modulador neuronal que pareciera tiene como función secundaria la regulación de la contractilidad uterina. Por otro lado es una substancia que sabemos que podemos liberar de forma deliberada, ya sea como mencioné durante el amor, el orgasmo, la distención del cérvix uterino, estimulación genital o la estimulación de los pezones durante la lactancia o fuera de ella. Lo que me lleva a pensar que la administración externa de la oxitocina debiera dar efectos benéficos, sobre todo en la percepción de estímulos. O sea que pudieran hacer más llevaderos algún estímulo molesto como por ejemplo el trabajo de parto.

Aunque desde hace mucho tiempo también sabemos que la administración exógena de oxitocina acelera el trabajo de parto, no hemos logrado los médicos entender que su uso indiscriminado tiene terribles consecuencias y que ese uso indiscriminado ha logrado que generaciones de mujeres tengan a la oxitocina como un verdadero mensajero de la muerte y no sin razón en muchos casos.

Se ha generalizado la idea que la oxitocina exógena es usada con intención de forzar contracciones o partos y que una vez que el ginecólogo la indica tiene por objeto arruinar el milagro perfecto del nacimiento suave y pausado que la naturaleza dispuso. Nada más alejado de la realidad. La administración ya sea intravenosa o intramuscular de la oxitocina tiene indicaciones muy precisas y de forma adecuada se convierte en un aliado invaluable. Es muy frecuente que los pulsos de la oxitocina por medio de hipotálamo no sean regulares y suficientes y hagan que el trabajo de parto no se lleve a con eficacia, aunque las mamás y las doulas estén convencidas que eso es normal. No es normal y debemos estar agradecidos de poder administrarla de forma externa. Por otro lado es la misma oxitocina la que genera la aproximación del recién nacido al seno materno y del control del sangrado durante el alumbramiento.

También no soy ciego ante el hecho de la infinidad de obstetras que administran oxitocina en concentraciones monstruosas con la idea de sobre estimular contracciones, pensando estúpidamente que si se logrará un acortamiento ejemplar del trabajo de parto.

Sin ser el abogado del diablo puedo decir que la oxitocina si es un elixir bendito cuyos efectos son por mucho más benéficos que adversos, pero que son las manos torpes o impías las que lo pueden transformar en una pócima mortal.

No se qué mas comentar respecto a la oxitocina, mas que su uso es invaluable siempre y cuando tengan indicación, por lo que será necesaria mucha información y consejería a los equipos médicos, prenatales y sobre todo a las mamás para poder hacer las paces con este aliado.

Capítulo 8. NO A LA VIOLENCIA OBSTÉTRICA

Si bien no hay una definición unánime de lo que es la violencia obstétrica, reconozco que existe y que engloba cualquier tipo de actitud impositiva, arbitraria, grosera e irrespetuosa hacia una mujer embarazada o en proceso de dar a luz, aprovechando su estado de vulnerabilidad.

Personalmente considero la violencia obstétrica como un acto vil, cobarde e inmoral.

Reconozco que un embarazo es una ilusión y esperanza de una mujer, una pareja y una familia.

Yo entiendo que durante este proceso hay ansiedad, dudas, miedos y por eso con paciencia y calidez te explicaré todo cuanto sucede para apoyarte.

Sé bien que durante este proceso todo puede ser nuevo para ti y por eso siempre te avisaré y preguntaré antes de tocarte o revisarte pues comprendo la vulnerabilidad que sientes.

Yo pondré siempre mi empeño en vigilar tu embarazo y nacimiento de tu bebé y no te indicaré medicamentos ni estudios innecesarios.

Escucharé muy detenidamente todos tus deseos referentes a como TÚ quieres vivir la experiencia del nacimiento de tu hij@.

Siempre antepondré tu seguridad, comodidad y tu tranquilidad a cualquier condición externa.

Para mí es un gran privilegio ser tu médico y te agradezco inmensamente tu confianza.

Se que puedes estar asustada o con dolor y por eso estaré a tu lado durante todo el proceso, muy atento a tus necesidades.

Ante alguna eventualidad o emergencia te informaré con prontitud y claridad la situación y mi opinión sobre la conducta a seguir.

Durante el proceso de nacimiento, respetaré tu deseo de la posición, de tu movilidad y de la compañía que quieras. Si deseas estar con tu pareja o con tu partera, los consideraré un apoyo y velaré para que todos trabajemos en tu bien. Es tú parto, no el mío.

Ante las posibles dificultades jamás te pediré que no grites o que no llores, tus sentimientos son muy importantes en este momento.

Como médico tratante vigilaré estrechamente que todo el personal médico y de enfermería te trate de la misma manera digna, respetuosa y cálida que yo.

Yo se muy bien como debe de avanzar un parto y por eso no te haré tactos vaginales constantes e innecesarios. Mi prioridad eres tú, yo no tengo ninguna prisa y por eso si no es absolutamente necesario no aplicaré nada que acelere este proceso.

Conozco las indicaciones de la episiotomía y de la cesárea, por eso no realizaré ni propondré nada que no sea absolutamente necesario.

Yo siento que el nacimiento de un ser humano es un milagro y una bendición. Te agradezco que me dejes compartirlo contigo. Se que confías y crees en mi, por eso me dedicaré en cuerpo y alma a tu cuidado.

Mi misión es cuidarte y apoyarte para que este proceso sea una de las experiencias más maravillosas de tu vida.

No creo que un médico deba de mantener distancia de sus pacientes, de hecho creo que puedo ser profesional y empático, puedo ser tu médico y también tú amigo.

Yo conozco mis límites y se perfectamente que Dios es el que tiene la última palabra en todo, pero lo que si dependa de mí tendrá mi mejor esfuerzo.

Por todo esto quiero que sepas que YO DIGO NO A LA VIOLENCIA OBSTÉTRICA!!!

Capítulo 9.MADRES RELATANDO NACIMIENTOS

05 de Marzo del 2017, a mis 27 años de edad me dirijo al hospital junto con mi esposo y mi mamá, por la llegada de mi primer hijo, cumpliendo 38 semanas de gestación se ha llegado el momento más esperado de estos largos 9 meses, recuerdo que tenía muchas emociones juntas, por un lado la felicidad de conocer la carita de mi bebe y por fin tenerlo en mis brazos y por otro lado el temor de que todo saliera bien en la cesárea, mi doctor había detectado que mis plaquetas estaban bajando, por lo cual pasaban mil pensamientos en mi cabeza, sabia y confiaba en que él tenía todo bajo control y estaba listo para cualquier emergencia, pero aún así, los pensamientos rondaban mi cabeza.. Y si no logro

conocer a mi bebe? Y si.. tan solo logro verlo y
después de eso algo pasa?.

Llegamos al hospital a las 9:00pm aproximadamente,
se realizó todo el papeleo correspondiente, me
proporcionan mi habitación, me instalo, y a los pocos
minutos comienzan a visitarme los médicos de
guardia y enfermeras, para canalizarme, hacer mi
historia clínica y realizar estudios solicitados por mi
doctor, tanto enfermeras como médicos fueron muy
amables y delicados al hacer su trabajo, me sentí
cómoda y tranquila a la vez de estar en un hospital
con un buen servicio y personal agradable a su
cargo.

Se llegó la hora de "descansar" y lo digo entre
comillas porque en realidad fue una noche larga, con
mil emociones y pensamientos juntos, dando vueltas
en mi cabeza, debía estar lista para las 7:00 am,
cerraba mis ojos y por mas que intentaba dormir no
lo lograba solo por pequeños momentos, revisaba y
revisaba la hora y sentía que el reloj avanzaba lento
para la gran espera, pero muy rápido para haber
descansado un poco y estar lista, mi bebe se movía
más de lo normal creo que sentía mis emociones; por

fin se llegó la hora de irme a alistar para quirófano, llegaron por mis los enfermeros, me despedí de mi mamá con una cara dudosa entre emocionada, con miedo, nerviosa, mi esposo me acompañó hasta el área de enfermería, ya que él se iba a cambiar para entrar a quirófano conmigo, dure aproximadamente 30min en espera de pasar, en ese tiempo se acercó una doctora residente muy amable, platico unos minutos conmigo y me hizo sentir tranquila, se llegó el momento de pasar, mi doctor estaba de los mas tranquilo, me saludo y me explico una vez más que íbamos a hacer, cabe mencionar que confío mucho en él, pues no era la primera vez que estábamos en un quirófano aunque no por la misma situación.

Era hora de comenzar, primeramente los enfermer@s iniciaron con la higiene de de el área a cortar y demás, a decir verdad sentía un poco de pena ya que era un enfermero hombre pero igual fue muy respetuoso y delicado, posteriormente se acercó el anestesiólogo a explicarme que me pondría y como, si era alérgica a algo, todo lo que iba a ir sintiendo y demás, la verdad un excelente doctor estuvo al pendiente, preguntándome y cuidando durante todo el proceso, se presento el ayudante de mi doctor muy amable y excelente doctor, y ahora si era hora de comenzar, entro mi esposo e inicio la cirugía, mi cuerpo no dejaba de temblar, sentía únicamente como si me tocaran en donde estaban cortando, escuchar al equipo de médicos hablar tan tranquilos mientras cortaban las capas me hacía sentir tranquila y tener a mi esposo a mi lado, cuando de pronto escucho un pequeño grito e inmediatamente el llanto de mi bebe, mi corazón se acelero de emoción quería verlo y cargarlo ya, después de unos minutos lo lleva el neonatólogo a mis brazos y el tiempo se detuvo, por fin su cara y su pequeño cuerpo en mis brazos, en esta parte me hubiera gustado que inmediatamente al salir el bebe me lo hubieran pasado a mi y de alguna manera ponerlo en mi pecho, en lugar de haberlo pesado, medido, cortado cordón, medio limpiado y después pasármelo.

Pero bueno, después de unos minutos con él, su papá y el neonatólogo se lo llevaron al área de cuneros, mientras terminaban de cerrar y yo iba a recuperación, el miedo se había ido, ahora sentía felicidad, ansiedad de querer tenerlo conmigo ya. En recuperación estuvo una enfermera al pendiente de mi, me preparo para subir a piso, me llevaron a mi cuarto, lo único que quería era ya tener a mi bebe, mi esposo me dijo que lo llevarían a la 1:00 pm ó sea 3 horas después, se me hizo mucho pero esperé, se llegó la hora y no lo llevaron a lo cual estaba desesperada y le pedí a mi esposo ver que pasaba, como solicitamos tener al bebe en el cuarto dijeron que estaban preparando, me lo llevaron hasta las 3 de la tarde ósea 7 horas después de que nació, estaba bastante molesta, yo tenía muy claro que quería tener lactancia materna exclusiva con mi bebe por eso elegí tenerlo en cuarto, cambiaría eso, que te lleven al bebe inmediato de recuperación, que no decida el hospital si darle fórmula sin preguntar a los padres, no considero que haya sido un mal trato porque no fueron groseras al contrario, hasta nos dieron una clase de cómo darle el biberón al bebe, pero creo que sería bueno mejor fomentar más la LME y orientar a los hospitales y personal de enfermería para esto en lugar de una clase de cómo dar un biberón.

Durante la estancia con mi bebe fue cómodo, las enfermeras estuvieron al pendiente de mi y el bebe, atendían a nuestras solicitud, me daban mis medicamentos, me apoyaban en lo que necesitaba. Al día siguiente de la cesárea mi ginecólogo fue a verme, me dio confianza en decirme que todo iba bien, me indicó que cualquier cosa lo podía llamar, incluso de algún inconveniente con el personal médico del hospital, de igual forma fue el pediatra, nos explicó cosas básicas que debíamos saber, y dejó abierta la atención por cualquier duda, el anestesiólogo también fue a verme e indicarme sobre el medicamento que seguiría recibiendo por lo cual no me retiraban el catéter de la epidural, en conclusión creo que sentí muchos miedos por ser mamá primeriza pero me sentí cómoda, tranquila con el personal que me atendió, si considero muy importante la parte de tener contacto con el bebe en cuanto nace, y también el apoyo del hospital y personal médico para fomentar la lactancia materna, para que las enfermeras tengan mayor conocimiento y puedan orientar mejor más que nada a las mamás primerizas, ya que de la información de las enfermeras y que le hayan dado fórmula a mi bebe se vio en riesgo mi lactancia.

Gracias a mi ginecólogo pude salvarla ya que me recomendó a una doctora especialista en lactancia, parte de mi tranquilidad durante el proceso fue gracias a la confianza que mi ginecólogo me ha dado, me explica, está al pendiente y respondía a mis dudas.

AMANDA

Corrían los primeros días del año 1977, acababa de cumplir 19 años. Fue un invierno muy frío, las fiestas decembrinas habían terminado y la larga espera de mi primer bebé era ya insostenible, deseaba conocerlo, cargarlo, llenarlo de besos y estrenar todas las lindas cosas que durante meses habíamos comprado para él o ella. En aquellos tiempos no se conocía con anticipación el sexo del bebé, los primeros estudios de ultrasonido eran exclusivos para saber si algo no andaba bien. A muchas de las madres jóvenes les aterraba si el ginecólogo les solicitaba un ultrasonido pensando que habría alguna complicación.

Meses antes, desde el segundo mes de embarazo me contacté con mi doctor quien fue uno de los ginecólogos promotor y defensor del parto psicoprofiláctico en México, por lo que, al iniciar mi cuarto mes de embarazo, empecé mi instrucción en ese método. Asistí a todas mis visitas mensuales y con el control del doctor y mi instructora solamente subí 9 kilos durante todo el embarazo. Cabe señalar que, no se presentó ninguna complicación durante mi embarazo.

¡Llegó el día!

24 horas antes del parto.

Quince días antes del día tan esperado ya permanecía una maleta lista con las cosas necesarias para mi permanencia en el hospital, así como, las cosas de mi bebé que me habían solicitado para el día de su salida. ¡Todo estaba listo!

Me fui a la cama, ¡otro día más espera! Ya se me dificultaba mucho dormir en ciertas posiciones. Para eso de las 3 de la mañana me levantó una sensación desconocida para mí, cómo un choque eléctrico suave en la zona abdominal, fui al baño e intenté volver a dormir, pero a los pocos minutos esa sensación se volvió a presentar, muy dentro de mí sabía que había llegado el día. Con mucho cuidado y sin despertar a mi esposo me cambié y preparé mis cosas. Como las contracciones ya eran más frecuentes e intensas levanté a mi esposo y enseguida le hablamos al doctor. Éste nos indicó que cuando se presentaran cada 5 minutos era hora de ir al hospital. A las 5.30 la mañana nos dirigimos al hospital y en cuanto llegué me condujeron a una zona del hospital que llamaban "Labor" ya eran las 6:00 de la mañana. Mi doctor llegó a las 7.00 de la mañana y estuvo conmigo hasta que nació mi bebé. Entraba y salía del cuarto, platicaba, bromeaba y se sentaba en la cama. Esto fue muy importante para mí porque el verlo cerca me inspiró mucha tranquilidad y confianza. Para las 8.00 de la mañana llegó mi partera, misma que, al igual que el doctor no se separó de mí hasta después del nacimiento de mi bebé.

Pasaban las horas, las contracciones se hacían más intensas, estaba cansada y tenía mucha hambre. Me acuerdo que lo que me angustió muchísimo fue esa sensación de querer ir al baño que era difícil de controlar. Cerca de las 2 de la tarde y estando sola con mi partera, entró un doctor joven quien aún con la oposición de la partera al revisar las condiciones en que se encontraba mi cuello dilatado tomó la decisión de efectuar un procedimiento sin consultarlo con mi doctor. Eso lo enojó mucho, pero me dijo que no me preocupara que todo estaba bien y procedieron a colocarme un suero al que le colocaron una solución y pasadas las 6.00 de la tarde me llevaron a la sala de parto. ¡Ahí trabajamos los tres, el doctor, mi partera y yo, ya las contracciones parecían que no se detenían, en cuanto terminaba una, empezaba la otra! Seguí todas las instrucciones y finalmente a las 6. 45, oí por primera vez el llanto de mí bebé, un hombrecito!

Todo había salido muy bien, el pediatra de la familia había llegado a partir de las 4.00, y me indicó que era un niño muy sano, con un peso excelente y que por precaución lo iban a tener toda esa noche en una incubadora, pero que todo estaba bien.

Me condujeron a la "sala de recuperación" donde permanecí aproximadamente una hora y media. Esa es una experiencia que nunca olvidaré, había muchas otras mamás, quejándose, llorando y pidiendo ayuda! Alteraron mis nervios y toda la experiencia hermosa que había pasado momentos antes se vio opacada por una sensación de angustia y desesperación por salir de ahí a mi cuarto. Me sentía sola, a mí bebé lo había visto solo unos minutos. ¡Estaba cansada y hambrienta!, ya no estaba ni mi partera ni mi doctor, estaba yo ahí sola y consciente con todas esas mujeres desesperadas.

Finalmente, cerca de las 9.00 me llevaron a mi cuarto, ahí estaba toda mi familia, mi esposo, mi madre, todos mis cuñados y mi cena!!! Mi doctor se despidió de mí con la promesa de verme a primera hora del día siguiente. ¡Dormí muy bien y quería que ya amaneciera para que trajeran a mi bebé! Me preocupé un poco porque un dolor intenso en el vientre me levantó, pero me dijeron que era normal, me dieron una pastilla que me ayudó mucho. ¡A las 6:00 de la mañana tuve una visita maravillosa, era mi bebé que estaba listo para que aprendiéramos los dos, el cómo amamantar y amamantarse, fue graciosísimo!! Mi doctor me visitaba 3 veces al día, nunca me dejó, le agradezco tanto que con su profesionalismo y dedicación me haya hecho pasar una experiencia maravillosa, segura y confiada.

El tiempo que estuve en el hospital fue muy bueno, pero ya quería ir a casa con mi bebé, ya que en aquel entonces solo nos lo dejaban para alimentarlo y se los llevaban. ¡Aunque yo aprovechaba todo el tiempo para ir a los cuneros y verlo a través del cristal!

Finalmente, no quiero terminar este relato sin hacer mención de mi segundo embarazo y parto. ¡Todo se desenvolvió de la misma manera, sólo que siento que es importante que se prevenga a las mamás que los segundos partos son más rápidos, casi no llego al hospital!

CARMEN

Tengo tres hijos y con los tres viví los mismos sentimientos aunque algunos de ellos, como el miedo, en diferente grado.

Con mi primer bebé no sabía literalmente a lo que iba, aunque tomé un curso de PSICOPROFILAXIS no es lo mismo que te lo platiquen a que lo vivas.

No había entrado a un quirófano antes por lo tanto el sentir ese lugar frío con música instrumental y con muchas personas alrededor con cubre bocas sí me impactó. Llegué temblando al quirófano, sucedió lo mismo con los tres, entre el frío que tenía y los nervios que sentía, los anestesistas me pedían no me moviera, fue complicado no hacerlo pero sin problema pudieron ponerme el bloqueo en las tres ocasiones.

Un pequeño piquete, un empujón y un calambre fue lo que sentí y despúes la tranquilidad que ya había pasado mi gran miedo, mismo que me quitó el sueño varias noches pensando no iba a poder controlarme e iba a moverme a la hora que me introdujeran la aguja en mi espalda, eso me aterraba y me preocupaba no poder cooperar con el médico el día de la cirugía. Lo resolví respirando profundo y calmándome yo sola porque sabía era necesaria para que pudieran nacer mis bebés.

Mi decisión fue que los tres fueran cesáreas porque sentí todo iba a estar más controlado ya que la idea del parto me asustaba por una mala experiencia que tuvieron hace varios años unos amigos de mis papás, cuyo hijo tuvo retraso mental por problemas en el parto.

Las 3 cesáreas estuvieron programadas pero, eso a dos de mis hijos no les importó y quisieron nacer una semana antes. Me agarraron por sorpresa, aunque con el primero preparada por el curso de PSICOPROFILAXIS donde me explicaron qué era el tapón mucoso, por esa razón hablé al médico y me dio indicaciones sobre las contracciones que poco a poco iba a ir sufriendo y cuándo debía ir al hospital.

Y con el segundo se me rompió la fuente a las 2 de la madrugada, situación que también sabía podía pasarme así que con calma llamé al ginecólogo, me bañé y me fui al hospital.

Con mi hija, fue un poco diferente, ella sí nació el día pactado, aunque creo que le atinamos porque en la mañana empecé con contracciones así que de igual manera hubiera nacido el día seleccionado.

Recuerdo con ella haber estado más calmada al llegar al hospital, sí me angustió el hecho de firmar la responsiva por la anestesia pero lo superé. Le pedí al doctor me hiciera la SALPINGOCLASIA y por eso tardó un poco más la cirugía.

Durante las cesáreas tuve sensaciones, sentí las manos del médico en mi cuerpo aunque sin dolor como él me explicó por la anestesia que me pusieron. Cuando por fin salieron mis hijos, cada uno en su momento, sentí un gran alivio al escucharlos llorar y al escuchar al médico felicitarnos y decirnos que toda estaba muy bien, eso devolvió la paz a mi corazón porque sabía era el momento de disfrutar.

Definitivamente es una mezcla de emociones las que vivimos las mujeres, en lo personal, yo estaba muy ansiosa por verles las caritas a mis hijos y un poco nerviosa pidiendo estuviera todo bien, sin complicaciones para que ellos nacieran sanos y salvos y yo no tuviera problemas en la cirugía, ¡Gracias a Dios así fue!

Lo que te puedo decir es que con los tres sentí una gran alegría y emoción aunque reconozco con mi nena sentí una felicidad muy especial porque siempre quise tener una niña, la idea de comprar vestidos y moños siempre me entusiasmó.

Sin temor a equivocarme, el tener un hijo es la alegría más hermosa que he sentido en mi vida. Llorar de emoción cuanto el médico te acerca a tus bebés, los puedes besar y tocar por primera vez es algo único que compartes con tu pareja y que se guarda en la memoria y en el corazón de forma definitiva.

El hecho de que mi esposo haya estado conmigo en todo momento y haya tomado mi mano, hizo que me sintiera más confiada y acompañada. Estoy segura que como yo también vivió todo este cocktail de emociones: nervios, miedo, estrés y al mismo tiempo una gran alegría, esperanza, fe y mucho amor.

Al salir del quirófano me llevaron como es de esperarse a recuperación, luego a mi habitación donde estaban mis familiares cercanos como mamá, suegros y hermanos. Todos estaban muy contentos, recuerdo esos momentos con mucha alegría, sí con un poco de incomodidad por la herida de la cesárea pero nada grave de superar.

Creo me fue bastante bien, al otro día ya estaba levantada, bañada y caminando, tengo entendido a muchas mujeres no les va tan bien como a mí.

No recuerdo si estuve dos o tres días en el hospital hasta que me dieron de alta, pero me sentí muy cómoda. Las visitas fueron muy prudentes y se quedaban sólo un rato para que pudiera descansar y recuperarme. Ahí me llevaban a mi bebé del cunero para que lo alimentara y estuviera conmigo un ratito, era increíble el ver como llegaban con las cunitas rodantes a mi habitación.

Eso sí, siempre pedía alguien de mi familia acompañara a la enfermera hasta el cunero, me sentía más segura, aunque siempre se identificaron al traerlos y llevárselos.

Al salir del hospital sentí más nervios con mi primer hijo por no saber cómo tratar a un bebé, no sabía calmar un cólico, amamantarlo, cambiar un pañal o cargarlo. Afortunadamente tuve una gran maestra, mi mamá. Ya con mi segundo y tercer hijo me sentía más cómoda con mis habilidades de mamá.

Lo que te puedo decir es que una de las alegrías más grandes de mi vida es ser mamá, es lo mejor que la vida me ha regalado y sobre todo lo veo con agradecimiento porque nacieron sanos, porque no hubo ninguna complicación durante el embarazo, ni parto. Sí hay dolor físico, pero se olvida cuando la recompensa es poder tener en los brazos a los hijos.

Esto es lo que puedo comentarte de la gran experiencia que afortunadamente viví con mis tres hijos 24 horas antes de su nacimiento hasta salir del hospital.

Estaba ya en mi semana 40, ese jueves había ido a clase de yoga, mi panza era considerable pero sentía que aún no me pesaba. Una semana antes ya me habían dicho que venía en una posición occipito posterior, por lo que en la clase la maestra me dio una serie de ejercicios para tratar de que la bebé se girara. Por la noche fuimos a la última clase que nos tocaba del curso psicoprofiláctico. Ahí nos dijeron que nos esperaba un parto difícil por la posición en la que venía. Saliendo de ahí mi esposo y yo nos sentíamos tensos, incluso discutimos en el auto, a retrospectiva sé que lo que teníamos era miedo. Al día siguiente tuvimos un día largo en la ciudad, haciendo pendientes. Fuimos a una cita con una pediatra para ver si nos gustaba. Saliendo de ahí había una comida corrida, nos sentamos a comer. Mi bienestar era increíble, incluso recuerdo haber ido al baño y al mirarme los ojos en el espejo noté que la pupila estaba dilatada, como si estuviera bajo el efecto de alguna droga. Regresamos a nuestra casa, nos tocó un trayecto muy pesado de tráfico de viernes para llegar al bosque. Se me hizo eterno, ya no aguantaba el asiento. Al llegar a casa, ya de noche, hice las posturas que me había dicho la maestra de yoga y me fui a dormir. Mi esposo se quedó trabajando.

A las pocas horas, sentí la primera contracción. No estaba segura de lo que era, pero sabía que nunca había sentido eso antes. Esperé un poco más y luego salí a decirle a mi esposo que mejor se fuera a dormir, o que empacara porque ya estaba en trabajo de parto. Nos tomó un poco por sorpresa, al día siguiente nuestro plan era mudarnos a casa de mi abuela, por lo que aún no teníamos hechas las maletas. Así que nos pusimos a empacar y a tratar de descansar, aunque poco dormimos por estar midiendo las contracciones. A las siete de la mañana llamamos a mis papás y les dijimos que estaba en trabajo de parto. Vinieron por nosotros. El trayecto hasta su casa fue difícil, las contracciones, aunque espaciadas, eran dolorosas.

Llegamos a casa de mi abuela. Mi esposo y yo nos encerramos en un cuarto. No quise que alguien entrara y me pusiera nerviosa. Todo ese rato me la pasé haciendo las técnicas que había aprendido en el curso, pero las contracciones seguían espaciadas. El ginecólogo nos recomendó que nos tomáramos una copa de vino, no recuerdo bien para qué, pero eso podría ayudar a que dilatara más (creo que por la oxcitocina). Mis papás me trajeron una copa a mí y a mi esposo. Mi mamá se echó un tequila de hidalgo. Fue un momento muy gracioso. Creo que al final me tomé como 2 copas. Recuerdo ese par de horas como algo doloroso pero feliz. Mi esposo estaba conmigo, todavía podía dejar que me abrazara.

Como a las 5 de la tarde el doctor dijo que nos fuéramos al hospital. Estaba su médico suplente. Esa fue la primera vez que me acostaron en una camilla. La odié. Pasar las contracciones acostada fue lo más doloroso. Así tenía que ser para que me monitorearan, pero era una completa diferencia no poder adoptar la posición que mi cuerpo necesitaba. Solo había dilatado 3 cm, así que me regresaron a casa. Le llamé a mi doula para que fuera a asistirme a casa de mi abuela. La siguiente fase de unas cinco horas fue la más intensa y dolorosa. Las contracciones venían más seguidas. La doula me ponía en varias posiciones y básicamente me ayudaba a atravesar las contracciones lo más relajada posible. A las 11 de la noche regresamos al hospital. El trayecto fue una tortura. Recuerdo haber estrangulado la mano de la doula todo el camino. De nuevo me pusieron en la camilla que odiaba. El dolor era insoportable y solo había dilatado 5 cm. A las 24 horas el ginecólogo me dijo que no podíamos esperar más a que la bebé se volteara sola. Pensé que me iba a decir que iba a tener que nacer por cesárea, incluso creo que se lo pregunté, pero con mucha seguridad me dijo que no y se lo agradecí. Entonces me bloquearon, no me dolió nada, y lo mejor fue que dejé de sentir dolor y me pude relajar.

Mi hermana entró conmigo a acompañarme, me dio la mano y me quedé dormida.

Al cabo de una hora quizás, volvió el doctor a despertarme y lo que hizo las siguientes horas fue rotar con sus dedos la cabeza de la bebé. Así se habrá pasado una hora o más hasta que logró estar en una posición lo suficientemente anterior para poder salir. Entonces dijo que ya podíamos pasar a la sala de expulsión. No podía creer que aún me fueran a mover de sala y que al parecer todavía faltaba todo un proceso. No tenía idea que lo más intenso estaba por venir. La anestesia comenzó a irse, la suplantó un ardor que era intolerable. Comencé a pujar, pero estaba realmente exhausta. El doctor fue más duro ahí conmigo, me daba instrucciones precisas, directas y fuertes. Como que me había dado chance todo el tiempo antes, pero ahí no. Incluso lo sentí un poco rudo, pero gracias a eso no me dejó aflojar ni un segundo. Estaba realmente exhausta, sentía que no podía más. Recuerdo haber pensado que no quería volver a pasar por esto nunca más. Hasta que anunció que ya se veía la cabeza, di mi último esfuerzo y finalmente salió. Recuerdo que me la pusieron en el pecho, que vi su cara y pensé que volvería a pasar por esto mil veces más con tal de experimentar lo que en ese momento sentía. Por un momento se me pegó al pecho y luego se la llevaron a la incubadora. A mí me llevaron a una sala de recuperación y me dijeron el típico, descanse sus últimas horas. Pero obviamente no pude, mis endorfinas estaban al tope. Nació a las 4:57 am, y a las 12 pm yo me estaba bañando sola en el hospital. Me sentía perfecto, caminaba despacio, pero sin ninguna molestia. Me sentía fuerte para afrontar lo que pasaría después del hospital, del cual salí al día siguiente.

A pesar de que fue un parto muy difícil por la posición en la que venía, me siento infinitamente agradecida con el ginecólogo por su tenacidad y perseverancia en que fuera parto natural. Sabía que no me iba a poner en riesgo, sabía que se sentía capaz de resolverlo y de ayudarme, y así fue. Agradezco su seguridad, y su confianza en mi cuerpo y en mi mente. Fue un gran trabajo en equipo.

Capítulo 10. FACILITADORES DEL NACIMIENTO

Facilitar: Hacer posible algo, proporcionar, simplificar.

Personalizar: Hacer o facilitar algo, acondicionado al gusto, a las características o necesidades de una persona.

Persona: La singularidad de cada individuo de la especie humana.

Estas tres definiciones sacadas de wikipedia, la fuente de información más usada en el mundo, son la piedra angular de este capítulo, puesto que es la antesala a la explicación de mi propuesta sobre "personalizar" los nacimientos.

Es importante tener en cuenta que lo que creo que nos ha fallado en las últimas décadas es estar claros en la necesidad de facilitar los nacimientos y de determinar quienes son o que son los facilitadores del nacimiento. En realidad un facilitador es aquel o aquello que ayuda a lograr un nacimiento de la mejor forma. Pido que noten que nadie habla de hacer algo más rápido, si no de una forma en donde estén en igual manera equilibrados los conceptos de comodidad, seguridad y realización de expectativas.

Dentro de los facilitadores del nacimiento hago la división en tres grandes rubros:

1.-Lugares

2.-Situaciones y Procedimientos

3.-Personas

-Lugares y Situaciones

Es muy probable que la primera imagen de un lugar de nacimiento sea un gran hospital, sin embargo, aún en los grandes hospitales, los lugares de nacimiento se reducen a un espacio del tamaño de una habitación con un lugar para recostarse. Cualquiera que sea el lugar, como una sala de labor, cuarto de expulsión o la habitación familiar en el hogar la condición básica es que debe ser de forma casi obligatoria con temperatura e iluminación adecuada. No tengo intención de entrar en conflictos dentro de las corrientes obstétricas pero las dos condiciones respecto al lugar que más afectan a las madres, sobre todo durante un trabajo de parto o el parto mismo es que son muy frías y con iluminación demasiado brillante. En los casos de una operación cesárea estas dos condiciones no se pueden modificar por normatividades de esterilización y por visualización quirúrgica, por lo que me concentraré en el parto vaginal.

No intentó dar los datos más científicos de fisiología humana, pero creo que suficiente será mencionar que cuando la temperatura en percibida como fría por cualquier ser humano, se desarrolla la liberación de Cortisol que a su vez libera adrenalina. Esta adrenalina incrementará la frecuencia cardiaca, la presión arterial y pondrá a la paciente en trabajo de parto en un estado de alerta exagerado, lo que hace imposible que se relaje de la manera que todo el equipo de salud no solo le sugiere si no que gasta le exige. Esto además crea una tensión muscular refleja que dificulta de sobremanera la relajación del piso pélvico y por lo tanto la eyección del bebé.

Claro que debemos tener en mente que le pedimos a mamá que esté en un camisón muy ligero y en muchos casos pedimos la colocación de soluciones intravenosas que están casi siempre frías. Lo que hace que el periodo de trabajo de parto curse en medio de frio haciéndola por esa sola condición más estresante.

Si obligamos además a la mamá en trabajo de parto a no moverse a estar acostada en ayuno, en una cama por demás incómoda con un colchón de hule y posteriormente la colocamos en una posición antinatural en un mueble frio y terriblemente agresivo, la combinación de factores de estrés es monstruosa. Claro que tengo muy en claro las condiciones en las que será determinante hacer todas estas maniobras pero mientras no sean absolutamente necesarias, el realizarlas será determinante en el resultado, pero aún más en la percepción del nacimiento.

Otra parte increíblemente importante del lugar donde se lleva a cabo el trabajo de parto es la iluminación.

Desde hace siglos, se ha tenido la idea equivocada que una mujer no puede das a nacer sin ayuda, a sea que siempre debe estar acompañada. Eso es parcialmente correcto, puesto que soy un defensor absoluto del acompañamiento, siempre y cuando esto ayude a la confianza y de la sensación de seguridad sin embargo es una gran diferencia esto a la completa transgresión de la intimidad, puesto que querámoslo o no, el nacimiento debe ser un acto íntimo, por lo que estar en una habitación con todas las luces prendidas en la mayor intensidad y brillo también aumentarán el nivel de estrés, pero no solo de mamá, sino también de los acompañantes y del equipo médico. Esto es un reflejo por demás humano, y créanme cuando digo que lo que menos queremos es más adrenalina.

El tener luz tenue en un espacio tibio y agradable logra en un apabullante porcentaje la disminución de estrés suficiente para el nacimiento, por lo que estas condiciones son los primeros facilitadores que propongo. Las condiciones contrarias perturban el parto y perturbar el parto significa alargarlo y en muchos casos complicarlo.

-Situaciones y Procedimientos

Aquí entran todas aquellas circunstancias que influyen en el desarrollo de nacimiento y por mucho son las que no son realmente valoradas por aquellos que intervienen en los nacimientos. Las situaciones nos pueden llevar a errores de juicio que tienen como resultado no solo perturbar, si no a veces complicar un nacimiento.

Quiero enfocarme más que nada en aquellos casos en donde tenemos un embarazo de término, con condiciones fetales adecuadas y condiciones maternas adecuadas para un parto vaginal. Más adelante en el siguiente capítulo estaré hablando de situaciones específicas ya sean anormales o no necesariamente anormales.

Tener una paciente que llega a la sala de labor con trabajo de parto activo debe ponernos en cuenta de la situaciones que lo rodean y si bien ya hablé un poco de la iluminación y la temperatura del lugar, ahora es momento de hablar de tener encima a un equipo de 10 personas, todas hablando al mismo tiempo, canalizando vanas, tomando estudios de laboratorio, abriendo y cerrando la puerta, haciendo mil preguntas, obligando a llenar mil formas de admisión, de seguros médicos, de pediatrías, de ginecología, etc.

Colocar un monitor fetal inmediatamente con un volumen exagerado pues queremos que se escuche hasta la central de enfermeras que queda al final del pasillo, registrando cada segundo, al tiempo que realizamos tactos vaginales cada hora, pidiendo a la futura mamá que puje o se haga popó mientras la manipulamos para ver si va a poder con el parto.

AAAAALTOOOOO!

Todas estas situaciones que se realizan de forma rutinaria si bien tienen sus indicaciones en muchos casos en otros no y quedarnos en la idea de sometimiento a las mujeres nos lleva a que el ambiente que se respira sea de invalidez. Primero que nada hay que tener muy claro que el evento y fenómeno del nacimiento es un proceso que tiene fases ya muy conocidas pero que se llevan a cabo o más bien, fueron descritas en trabajos de parto espontáneos. O sea, que si nos queremos apegar a normas, primero que nada tenemos que tener claro en que situaciones están escritas o descritas. Si no lo hacemos de esta forma corremos el riesgo de alterar un nacimiento y complicarlo. Esta es la base de todo este libro, poder ajustar las situaciones a cada mamá y a cada nacimiento y no por el contrario, querer que mamá se ajuste a todas las situaciones que nosotros mismos producimos. Estas situaciones nos quitan libertad y nos llenan de angustia y ansiedad, aunque claro que hay momentos en que estas situaciones se dan y están justificados todos los procesos y procedimientos que uno quiera. Lo que también debemos de tener muy claro es que los nacimientos se dan por si solos en muchos casos y que en la gran mayoría de las veces sólo necesitan observación y supervisión estrecha sí, pero no invasiva. Crear situaciones de tensión frecuentemente acaba con experiencias desagradables aunque el resultado sea satisfactorio.

Facilitemos los nacimiento promoviendo situaciones facilitadoras, tales como pausas entre los interrogatorios, evitar que la gente del aseo entre de forma intempestiva, dejar la papelería para que se llene posteriormente. Colocar monitores sólo lo necesario, con volumen bajo. Revisar una dilatación cervical cada 3 o 4 horas es más que suficiente y sobre todo, ir involucrando a mamá en las decisiones, avisarle, preguntarle, tener siempre en cuenta su comodidad.

-Personas

Tanto los lugares, situaciones y procedimientos tienen un puente que los relaciona y que es el punto más importante a tratar aquí. Las personas.

Todo lo que les he mencionado hasta ahora es pensado, ideado y llevado a cabo por una persona, por lo que si quiero que tanto un lugar o alguna situación actúe como facilitador de un nacimiento, debo de tener primero que nada a personas que se asuman como facilitadores y esto es lo más complicado de todo, puesto que el número de personas que rodean o intervienen en un nacimiento es inmenso.

Si bien ya hablamos de que es un facilitador, es en extremo importante que la futura mamá busque a su equipo de facilitadores y estos mismos se rodeen de otros más, porque es una cadena que logrará la fluidez del nacimiento. Sabemos bien que lo que más nos aleja de facilitar un nacimiento es el miedo y la ansiedad y desafortunadamente como ya hablamos anteriormente, hemos sistematizado el miedo, haciendo que estas experiencias estén rodeadas de sentimientos antagónicos no facilitadores. No busco por ninguna forma minimizar los riesgos reales o los eventos posibles, pero esto sólo de debe de tener en mente para estar preparado ante alguna eventualidad y no para ir preparando el terreno en caso de una desgracia. No es correcto y llámenme supersticioso, pero creo que hasta se atrae aquello que más tememos si siempre está presente en nuestros pensamientos.

El círculo que rodea a una futura mamá se divide en muchas partes siendo de lo más íntimo a lo más extraño:

Pareja-Familia Inmediata-Amistades-Familia Extendida-Conocidos-Desconocidos-Población General.

En un momento sabrán por qué puse desconocidos y población general separados.

+La pareja facilitadora

La pareja de la futura mamá facilita el nacimiento con apoyo, con interés y sobre todo con una actitud activa en los aspectos administrativos. Sin embargo debe asumirse en un plan muy pasivo y a veces inactivo en querer interpretar los sentimientos de la futura mamá, pues nada hay más desagradable que la pareja que se queja amargamente de cómo ha sufrido este embarazo o que quiere obligar a la futura mamá a tranquilizarse o a sentirse bien. La verdad es que la pareja que se llena de miedo y ansiedad no hace otra cosa que transmitirlos y su influencia muchas veces es determinante en el desarrollo del nacimiento. Por otro lado la indiferencia es muy triste, puesto que borra el reconocimiento a una mujer gestante y da la terrible sensación de soledad.

El embarazo une o separa a la pareja, por lo que es clara la necesidad de ser pareja sólida antes del embarazo y trabajar en la relación durante el mismo.

+Familia Inmediata

Nadie puede ayudar tanto o lastimar tanto como la familia inmediata y en concreto con los miembros femeninos de ella. La relación con madres y hermanas juegan un papel fundamental en el embarazo y el nacimiento porque usualmente hay fenómenos de expectativas, de que se espera de ella como mujer de tal o cual familia, de cómo hay que comportarse, o si en esa familia nadie a tenido cesáreas o aún peor, si nadie ha aguantado los partos. He hasta escuchado relatos de hermanas o madres que con orgullo cuentan que sus partos fueron horribles, muy dolorosos o que sus cesáreas siempre se han complicado. Esto indudablemente crea una idea de lo "normal", haciendo que la futura mamá casi irremediablemente se dirija a las mismas situaciones. Una familia inmediata respetuosa es de gran ayuda puesto que el permitir que cada ser humano viva sus propias experiencias es un acto de amor y generosidad. El mejor consejo es rodear de experiencias o vivencias positivas y en los casos donde se vivió algún evento traumático asumirlo como una vivencia de alguien más en otro tiempo y espacio. Sembrar miedo a un ser humano se me hace una crueldad de quienquiera que venga independientemente de la intención. Por increíble que parezca nosotros podemos facilitar el nacimiento de nuestros nietos si borramos el miedo y la ansiedad que rodean nuestra idea actual, transmitiendo actitudes positivas a nuestros hijos.

+Amistades

Creo firmemente que un amigo es aquella persona con la que compartimos intereses y que nos hace sentir de forma positiva ante diversas situaciones al tiempo que esta relación se basa en la confianza. Es una definición propia, pero muy poderosa porque si analizamos las partes que la conforman también muestras una gran vulnerabilidad, por el compartir y por la confianza. Lo que hace que lo que vivimos o compartimos con nuestras amistades tenga un valor fundamental en nuestras vidas. Que sucede cuando nuestras mismas amistadas están con interpretaciones ansiosas o temerosas del nacimiento? Muchas veces son nuestras mismas amistades el punto de referencia en múltiples cosas de gran valor cuando ellas mismas pudieran tener conocimientos muy limitados o prejuicios muy arraigados. Si juntos llegamos a tener información real de ayuda nos convertimos en facilitadores y en muchos casos el sólo hecho de escuchar sin dar opiniones ayuda más a una mujer que invariablemente tendrá sentimientos intensos y hasta encontrados como lo es una mujer embarazada. Busquemos lo mejor para todos y aún más para nuestros amigos.

En este rubro entramos los médicos que llevamos los embarazos, nos saltamos directamente a una relación de amistad por los lineamientos que marqué en la definición, aquí que también crea que es necesario una relación amistosa médico paciente siempre y cuando este encuadrada en la atención médica. Lo que pasa es de lo más interesante, puesto que al tener la confianza de nuestros pacientes, de sus parejas y familia, reside en nosotros un poder muy grande del cual muchos a veces abusan. No es mi intención hablar del abuso de poder médico que por supuesto es reprobable, sino de la transmisión de mensajes claros hacia las pacientes. Es un consenso casi general que la paciente busca que su médico sea profesional, o sea que sepa de lo que habla, que le transmita confianza y que tenga casos de éxito. Pero hay un lado oculto que casi nunca sale a la luz y es cuál es el sentimiento que el médico tiene con respecto a los nacimientos. He conocido a lo largo de mi vida como ginecólogo a eminencias como cirujanos, médicos con diagnósticos muy precisos, científicos encumbrados, pero con actitudes muy temerosas respecto a los nacimientos, si bien con tazas de éxito muy altas y sin complicaciones, también siempre teniendo en mente todos los casos graves que vieron, muertes maternas, muertes fetales, daños cerebrales y una serie de tragedias que hacen que la actitud ante el nacimiento sea "siempre espera lo peor" y que se sientan con el único consuelo de ser muy intervencionistas para "no dar tiempo a complicaciones". Es muy respetable esa actitud y no discuto los sentimientos de nadie, pero los médicos así también siempre sembrarán miedo y ansiedad en las embarazadas, quienes desafortunadamente tienen a veces más memoria para los relatos de tragedias que para los de felices nacimientos.

No todo es miel sobre hojuelas ni ideas utópicas, yo también he tenido mi dosis de grandes complicaciones y situaciones nefastas, tengo una gran experiencia en práctica privada y en instituciones públicas y les tengo que admitir que ha habido casos complicados que me han afectado mucho y me han asustado, pero son un porcentaje reducido de la practica y los he tomado como experiencias para detectar complicaciones a tiempo y resolverlas pero al mismo tiempo me han dado la tranquilidad que la gran mayoría de los nacimientos progresan bien con el médico, sin el médico y a pesar de médico.

Ser el médico obstetra nos coloca en una posición privilegiada tanto con nuestras pacientes, como con el equipo hospitalario. Tenemos gran influencia por lo que si tenemos una actitud facilitadora lograremos hacer de quienes nos rodean también facilitadores y a veces facilitar es operar una cesárea oportunamente pero también es observar un trabajo a libre evolución sin medicamentos. Facilitar va desde aplicar unos fórceps hasta sólo cruzar los brazos. Solo el tiempo y la experiencia dan los conocimientos suficientes pero el miedo es el peor consejero.

En este rubro también entran las instructoras prenatales y las Doulas, y si no lo saben casi todos mis partos los atiendo con Doulas o instructoras, por lo que entiendan que estoy convencidísimo de la importancia de su participación en los nacimientos. Sin embargo también debemos reconocer que hay un porcentaje nada despreciable de las instructoras del nacimiento que ejercen una verdadera violencia con quién dicen querer ayudar. Yo escuché en el curso prenatal de mi esposa en nuestro primer embarazo que las parejas debían prepararse a oír de sus ginecólogos puras mentiras porque lo único que quieren es operar o anestesiar a las pacientes porque es más cómodo. Claro que no volvimos. También he visto suplicar a pacientes por alguna analgesia y ser detenidas con el pretexto de que el dolor no es real y que todas las mujeres pueden aguantarlo. Otras más mencionando que los nacimientos es casa son 100% seguros, cuando ni en los hospitales más grandes lo son.

Una instructora o doula que quiere ser realmente una facilitadora deberá ser siempre abierta a sugerencias y a cambios basados en las necesidades de los casos y de sus alumnas. No estamos ahí para pelearnos, sino para lograr los mejores resultados de las mejores formas.

+Desconocidos y Población General

Los desconocidos se diferencian de la población general en que los primeros están en contacto directo con nosotros, tales como el personal administrativo del hospital, enfermeras y personal de apoyo como de laboratorio, imagen o intendencia. Todos ellos también crean un ambiente que puede o no facilitar el nacimiento. Este grupo de desconocidos si puede ser influido por el médico, por lo que un médico tranquilo podrá transmitir esta tranquilidad al equipo. Cuando los médicos llegamos ansiosos y llenos de prisa, damos una impresión de urgencia y en medicina cualquier urgencia es sinónimo de gravedad. Porqué tratar a todos los casos como graves?, Esto lleva a una angustia muy sobrada por parte de la futura mamá y de la familia y en este vórtice el mismo médico se acaba creyendo su mentira de que todo nacimiento es urgente y grave.

Vale la pena sensibilizar a estos equipos y así mismo a esa población general que se cubre del anonimato para entrar a grupos y redes sociales donde hay una gran morbosidad de compartir todas las complicaciones u horrores de nacimientos que crean una histeria colectiva que trasciende generaciones.

Sucediendo así que la falta de conocimientos aunada con miedos heredados llegan a formar el inconsciente colectivo que es almacenado en nuestras memorias y que no es despertado hasta el momento de interactuar con algún nacimiento. Aquí es donde entra la necesidad de ir cambiando ese inconsciente colectivo para las generaciones futuras que en mis más grandes deseos puedan nacer en un ambiente de armonía, pues tanto la felicidad como la desdicha inician desde el nacimiento.

+La futura Mamá

No crean que se me había olvidados o que no consideraba a la mismísima madre como un facilitador del nacimiento. Lo que pasa que como en todo las mamás se cuecen aparte!

Esto lo digo de la forma más respetuosa, porque con o sin los demás facilitadores la misma futura mamá puede agilizar el nacimiento de la mejor forma o también entorpecerlo, esto último debido a la gran influencia que recibe de innumerables fuentes. Es muy común estar con mamás durante un trabajo de parto que a la mitad de la fase de dilatación nos dicen que pase lo que pase no se van a "dejar" operar, poniendo a su obstetra en un verdadero predicamento si es que la urgencia se asoma. También tenemos el otro extremo, el de la mamá aterrada del nacimiento que prácticamente nos solicita realizar una cesárea tan pronto lleguemos a la maduración pulmonar o aquella que pide que la sedemos durante el parto.

Lo que es una realidad es que una mamá empoderada con conocimiento, abierta a comunicación y fundamentada en la confianza con su obstetra tendrá sin lugar a dudas experiencias de nacimiento muy positivas y muy seguras. La preparación de la futura madre para el nacimiento de sus hijos en realidad comienza con su propio nacimiento y la huella que dejó en su madre y en su familia, haciendo que todo lo que gira alrededor del milagro del nacimiento sea una herencia viva en la actualidad de experiencias ancestrales.

Esta es precisamente la razón de los cursos perinatales y de los métodos como el Lamaze, psicoprofiláctico e Hypnoparto, hacer a la madre consiente de la serie de sucesos y fenómenos del nacimiento y hacerla la principal facilitadora del nacimiento de su bebé, independientemente de la vía de resolución.

Teniendo todo esto en cuenta, sabemos ahora que los facilitadores del nacimiento son piedra fundamental de los nacimientos y que es el facilitador quien se debe adaptar al nacimiento, a la madre y al bebé. Por lo que es necesario que seamos los facilitadores más abiertos a la individualización de cada nacimiento, sabiendo que no hay estandarización alguna que sea válida, si bien hay conocimientos generalmente aceptados. Todo esto nos lleva a mi propuesta de "Nacimiento Personalizado".

Capítulo 11. NACIMIENTO PERSONALIZADO

No lo podía creer!!. Tres veces lo escuché y en realidad la tercera vez no fue diferente a las dos anteriores. -Déjame pararme!- Me dijo mi paciente. -Déjame pararme por favor!- repitió. Después de 12 años de ser obstetra, fue la primera vez que oí esas palabras.

Lo que sucedió después fue mágico, conmovedor y lleno de fuerza creadora. Contra las palabras del Médico Pediatra que repetía -Que vas a hacer?, Que vas a hacer??- le dije a la paciente que bajara de la mesa de expulsión después de una hora de estar en ella, exhausta, con lágrimas en los ojos lo único que pudo musitar fue -Gracias!

Sin saber bien cuál era el parto a seguir le ordené a las enfermeras que me trajeran campos limpios y que ayudaran a la señora a bajar. Dio ella un par de pasos y me dijo -Aquí Doctor, aquí quiero que nazca mi niño- .Inmediatamente coloqué los campos en el suelo y le pedí que se colocara sobre ello, en cuestión de segundos tomó una posición de pié que se transformó en cuclillas y exhalando firme y continuo el bebito comenzó a asomarse por su vagina. No lo podía creer! Una hora en la posición "aceptada por la medicina tradicional" sin resultados y en menos de 20 segundos el instinto y la naturaleza se abrían camino sobre la "experiencia" del obstetra. Como de rayo me coloqué sentado en el suelo frente a ella y recibí con gentileza a un precioso bebé que lloró con toda la potencia de la creación misma.

Ante los ojos de incredulidad del Pediatra y de las enfermeras. Cortamos el cordón, entregamos el bebé a revisión y le pedí a la nueva mamá que me permitiera revisarla pues estaba seguro que tenía algún desgarro vulvar importante, sobre todo como no pude hace las maniobras de atención de parto.

Cual fue mi sorpresa cuando vi que la vulva no tenía ningún desgarro y que la placenta salió con una suavidad que nunca antes había visto. Prácticamente nada de sangrado.

-Perfecto- dijo el pediatra. -Cómo?- contesté! -Perfecto- repitió. Ningún moldeamiento de la cabeza, respiración sin complicaciones y una hermosa coloración.

Si bien había tenido gran éxito en la atención de partos, no fue hasta ese momento que recibí una lección muy importante, una lección de vida, que me recordó que sólo estoy para auxiliar y en casos emergentes a actuar de forma activa, sin embargo el parto es de la mujer, no mío y es su cuerpo el que poco a poco va revelando sus secretos para dar a conocer a ese nuevo ser, poniendo a toda la ciencia y tecnología en un lugar igual, no superior a nuestra huella genética.

Gran lección. -Gracias Doctor por ayudarme!-Me dijo muy efusivamente la paciente. -Gracias a ti por enseñarme!- le contesté.

La obstetricia ha sido prácticamente la misma desde hace miles de años y siento que es ahora la exigencia de resultados perfectos y la comodidad mezquina tanto de hospitales, médicos y sí, pacientes, han hecho que queramos controlarlo todo. Lo único que no deberíamos olvidar es que nuestro conocimiento sirve para apoyar y cuidar, para prevenir y tratar complicaciones, pero ante la ausencia de estas y con una supervisión estrecha podemos con seguridad no asustarnos ni sorprendernos cuando una paciente decide su posición o actitud durante el nacimiento de sus hijos.

Ahora por otro lado después de este relato también debo de confesar que algunos días después cuando con otra paciente el trabajo de parto no progresaba igualmente, le propuse levantarse para intentar un parto similar al que acabo de describir y el resultado fue completamente distinto, la paciente además de hacerme unos ojos de incredulidad pero de rechazo completo, no pudo ni siquiera incorporarse y acabó tendiéndose de lado pidiendo un bloqueo peridural por el dolor que estaba experimentando, lo que a mi sorpresa también evolucionó un parto espontáneo en poco tiempo con resultados fantásticos y con una muy buena experiencia y recuerdo positivo por parte de la paciente y de sus familiares.

A lo que quiero llegar es que cada situación es única exactamente como son cada madre, bebé, nacimiento, hospital, médico, doula, partera, esposo, etc. Lo que nos obliga a TODOS a estar claros en que se busca un nacimiento seguro para madre y bebé, pero que no sólo todos los elementos mencionados intervienen sino que además son dinámicos, por lo que esta corriente actual de tener un plan de nacimiento impreso y obligar al médico a firmarlo para no cambiarlo después es algo osado e irresponsable, puesto que en cualquier momento puede haber cambios no solo en el estado de salud de mama o bebé, sino podemos quedar sin medicamentos, se va la luz del hospital, no llega el pediatra, no sirven las camillas, las enfermeras acuden a atender a un paciente grave, o demás situaciones que nos demandan estar alertas y además abiertos a cambios de planes, mismos cambios que en ningún momento debieran de entenderse como alguna falla o fracaso que quiten la emoción de lo que estamos viviendo.

He escuchado muchas veces a parteras que exclaman: "Todas pueden" así que cálmate y haz para lo que la naturaleza te diseño!. Nada más violento que eso, hay veces que en pacientes que han tenido 4 nacimientos alguno fue cesárea, otro no medicalizado, otro en casa y otro con analgesia y en todas las situaciones logramos un feliz término por estas abiertos a responder según se presenten las situaciones. Cada nacimiento es completamente distinto y por eso es mi propuesta de personalizar los nacimientos. Esto solamente puede ser realizado si todos los que intervienen en los nacimientos están sensibilizados, puesto que en muy fácil caer en cerrazón o necedades que lo único que logran es correr riesgos innecesarios.

La solución es más que sencilla pero crea muchas resistencias. Honestidad y comunicación es lo necesario.

Si algún personal de salud no sabe atender partos o es muy temeroso, si por el otro lado es muy osado, si no es buen cirujano, o cualquier otra situación, sin lugar a dudas va a tratar de poner el balón en su cancha orillando a su paciente a seguir un camino justificándose por estadísticas o experiencias. Todos somos humanos y es válido decir que no se siente cómodo sin usar oxitocina o que no sabe aplicar fórceps o que no tiene paciencia para partos largos y así cada mamá podrá escoger su obstetra. Por otro lado desde el principio se vale decirle al médico no quiero parto, quiero cesárea o alguna otra cosa, pues nadie sabe como llegaremos al final.

Es por demás sabido y demostrado que sólo el 3% de los nacimientos se complican independientemente de quien los asista o en qué lugar. Lo que nos debe de tranquilizar en lugar de estar aterrorizados de las complicaciones posibles, aunque sin lugar a dudas los obstetras debemos estar preparados para ellas. Todos tenemos que estar abiertos a cambios de planes, siempre y cuando seamos honestos y hagamos lo que se necesita, ni más ni menos. Hemos llegado a un punto dentro de la asistencia a los nacimientos de miedo desproporcionado, que hace que los personajes vivan los nacimientos de formas muy ansiosas y con una exageración terapéutica que deja recelo, frustración y tristeza. Mismo que inscribirá un recuerdo imborrable en la memoria no sólo de mamá, sin hasta del bebé que nace ya con una carga emocional muy pesada.

Siempre he tratado de preguntarle a mis pacientes embarazadas cómo se imaginan el nacimiento de sus bebés, sin empezar a acorralar con preguntas como son ¿Qué quieres?, puesto que en los embarazos en muchas ocasiones es difícil saber que quiere una persona, puesto que sus ideas están usualmente influidas por las experiencias de otras personas! Por eso lo que trato de proponer es que se acerquen a cursos prenatales, lean revistas y con información después puedan tener una idea más clara de sus preferencias de parto. Aquí es donde manejo yo otro concepto. Deseo de nacimiento no es lo mismo de preferencia de nacimiento, por la sencilla razón que los deseos no son negociables y las preferencias pueden ser determinadas por distintos factores. Así mismo los obstetras también debemos comunicar nuestras preferencias pero jamás tratar de imponer nuestros deseos porque seamos muy claros que no es nuestro nacimiento ni nuestro bebé. Las preferencias pueden ser discutidas y con confianza y calidez pueden ser reconciliadas para tener el mejor resultado o cuando menos la tranquilidad que no hubo ninguna transgresión. Justifiquemos nuestras ideas y pensamientos y es muy probable que siempre logremos fluir de la mejor manera. Ya no podemos estar en una época donde los médicos prácticamente obligaban a las pacientes a ser manipuladas de forma silenciosa, pero tampoco lleguemos al extremo de querer imponer ideas sobre el mismísimo sentido común.

La personalización de los nacimientos obliga a conocer el amplísimo abanico de posibilidades tanto mamás, médicos, instituciones y demás actores porque por más que queramos discutirlo o negociarlo o calificarlo si hay veces que son necesarios los bloqueos, que si son necesarias las cesáreas, que sí son necesarias las episiotomía y que también son necesarios por increíble y atroz que parezcan los fórceps.

No hay malas intervenciones sino malas indicaciones y malas actitudes, puesto que ningún otra situación humana llaga a estar tan vulnerable como un nacimiento y no es correcto ponerse a discutir ideología en el preciso momento del nacimiento sino que es ese momento se debe de actuar en consecuencia como previamente se debió haber platicado. Desafortunadamente eso casi solamente es posible en la medicina privada, puesto que la medicina pública o institucionalizada, se rige por el rigor de normatividad y evita mucho la comunicación con los actores. Es sin embargo a mi humilde punto de vista puede ser resuelto o cuando menos abordado de mejor forma tratando de practicar medicina basada en la empatía.

Por otro lado cuando hablo de nacimientos personalizados no sólo digo que los médicos o parteras debemos ajustarnos al nacimiento en cuestión, sino que es necesidad absoluta que las madres se preparen física, emocional, espiritual y hasta académicamente para el nacimiento venidero, puesto que si mamá no está preparada, el trabajo de todos los demás actores va a estar incompleto. Cómo pedir o preferir algo no conozco mis opciones? Cómo proponer o defender mis preferencias si no sé lo que está sucediendo? Cómo aceptar o confiar en mis facilitadores de nacimiento si no comprendo sus puntos de vista?

Es absolutamente correcto que actualmente no se quiere tanta intervención médica, y estoy de acuerdo que muchas maniobras son por demás agresivas, sin embargo no olvidemos que también todas tienen sus beneficios, por lo que seamos cautos y abiertos en ver tanto los pros y los contras de todas las opciones y lleguemos a un acuerdo que siempre debimos de tener. Hacer lo necesario. No caer en actitudes innecesarias por miedo o desconocimiento o peor aún, rechazar terminantemente procedimientos necesarios por desconfianza, fanatismo o ignorancia.

Personalizar un nacimiento es un regalo de amor tanto a la madre y al bebé como hacia la humanidad entera, demostrando que nuestras vidas tienen valor y que podemos agregar valor a la vida de los demás.

Tipos de nacimientos:

-En casa sin atención externa

-En casa con atención externa

-Fortuito (Calle, auto, etc.)

-Hospitalario medicalizado sin movilización sin alimentos

-Medicalizado con alimento y con movilización

-Psicoprofiláctico (Lamaze)

-Hypnoparto

-Instrumentado (Fórceps o Vacuum)

-Quirúrgico (Cesárea o Episiotomía)

-Combinado de todos o algunos de los anteriores.

Todos los nacimientos conllevan algo de riesgo, pero el mayor riesgo es la ignorancia, necedad o miedo de los participantes. Una cesárea innecesaria puede tener hasta un 2% de mortalidad, pero también un parto prolongado puede tener hasta un 10% de secuelas neurológicas en un recién nacido. Unos fórceps de urgencia bien aplicados prácticamente no tienen riesgo en los bebés pero mal colocados o innecesarios dejan fracturas hasta en un 40%. Esto implica que todos debemos conocer nuestras limitaciones y también ver y aceptar las limitaciones de los demás, incluyendo las mamás y los bebés. Si hay mamás y médicos para partos largos no medicalizados, pero también hay mamás y médicos para cesáreas electivas. Hay de todo. Aceptémoslo.

Puntos a considerar para personalizar un nacimiento:

-Ideología de Madre y Médico

-Experiencia y preparación de Madre y Médico

-Condición Materna (Cadera, cérvix uterino, peso, estatura, edad, estado de salud, religión)

-Condición Fetal (Tamaño, peso, posición, estado de salud, placenta)

-Lugar del nacimiento (Casa, hospital, clínica)

-Preferencias de Madre y Médico

-Confianza y relación Médico-Paciente

-Antecedentes Obstétricos (Cesáreas, Fórceps, abortos)

-Situación general (Urgencia, Programada, Electiva)

-Otros

Con todo esto, en serio queremos estandarizar nuestras atenciones?

Yo propongo la personalización de los nacimientos porque las condiciones clínicas de cada paciente son muy distintas y además que cada ser humano es distinto en todos los aspectos de su vida. Siendo que encontramos familias con creencias muy arraigadas y también equipos de atención natal también arraigados en manejos o conceptos, tratar de llegar a una imposición sobre lo que es correcto es francamente una necedad desgastante para todos los involucrados.

Por ningún motivo quiero entrar en controversias sugiriendo que los equipos dedicados a la atención natal debemos estar sujetos a la complacencia o deseos ya sea de la futura mamá, de la familia o de los propios. La propuesta más bien va a algo que se antoja obvio pero que no hemos podido llevar a cabo con congruencia. Ofrecer lo NECESARIO para el nacimiento. Lo que quiero decir es que obligadamente debemos tener claras las necesidades a cubrir de un nacimiento. Claro está que la primera necesidad a cubrir es entregar un recién nacido sano en casa con su madre igualmente sana, pero desde el embarazo hasta el momento de ir a casa hay una gran gamma de situaciones y necesidades que deben ser cubiertas. Es además muy claro que en casos imperiosos de urgencias las necesidades se cubren de forma automática y muy eficientemente, tal sea el caso cuando hay un sufrimiento fetal o un deterioro de la salud de la madre o hemorragias o cualquier tipo de deterioro en el bienestar tanto materno como fetal, esa línea es muy clara y la forma de actuar es muy clara, está normada internacionalmente y es indiscutible por el sentido común. Cesáreas para salvar la vida o Fórceps para salvar vidas no se discuten. Se aplauden.

El problema viene en el otro extremo, en los casos donde no hay complicaciones, no hay datos de alarma, no hay riesgo aparente en el momento. Ahí es donde el mundo entero se pierde, puesto que no sabemos estar relajados y responder a los cambios y necesidades de los nacimientos. Es como si al momento de viajar en un avión inmediatamente nos sentemos estemos en posición de emergencia, con las mascarillas de oxígeno, el personal nervioso y gritando y cada aterrizaje sea de emergencia!

Así es como enfrentamos los nacimientos, esperando lo peor! Y claro que hay desenlaces fatales o situaciones graves de urgencia pero con cuidados y actitudes adecuadas se pueden minimizar a un porcentaje cercano al 3%. Así como en un viaje aéreo estamos en sintonía con la posibilidad de emergencias y sabemos cómo responder ante ellas, también aprendamos de las mismas normas aéreas donde fuera de las medidas de seguridad nos podemos dedicar al confort y a la comodidad del viaje para hacer de éste una experiencia agradable, positiva y que deje recuerdos igualmente agradables y positivos.

Para atender las necesidades del nacimiento debemos conocerlas y la única forma de conocerlas son preguntando directamente y estando abiertos a los comentarios de los participantes. Esto es muy sencillo. Los participantes son en primer lugar la madre y el bebé, por lo que las preguntas a mamá son fáciles:

¿Estás Cómoda?, ¿Necesitas algo?, ¿Cómo te sientes?

Estas tres preguntas básicas tienen respuestas muy claras y las dificultades surgen cuando aún ante la claridad de ellas no respondemos de igual forma. El que una paciente nos diga que tiene frio no debiera presentar complicación de cubrirla con un cobertor, cerrar la puerta o aumentar la temperatura de la habitación. Así mismo si prefiere estar caminando, con las luces tenues, acostada o sin visitas la respuesta debe ser clara. No a todas las pacientes les gusta la obscuridad, algunas les gusta estar en el camisón del hospital, otras igualmente prefieren visitas o la puerta abierta de par en par.

También estas preguntas se le hacen a su cuerpo por medio de la toma de signos vitales. Si las respuestas son favorables no veo donde cabe sobre actuar. Si este cuerpo tiene algo que decirnos, nos lo hará saber. Sólo tenemos que estar pendiente. Si hay deshidratación hay que hidratar, si necesitamos administrar un medicamento intravenoso canalizar una vena, si el trabajo de parto progresa lentamente, ayudarlo. Sólo hacer lo necesario. Si tenemos buena hidratación, hay buenas condiciones y el parto avanza bien para que canalizar, aplicar medicamentos y romper membranas o peor aún solicitar una cesárea. Los médicos y el equipo natal debemos responder al nacimiento, no dirigirlo.

Las mismas tres preguntas las hacemos al bebé por medio de auscultar la frecuencia cardiaca, tomar un monitor, observar sus movimientos o realizar ultrasonidos. Le hacemos estas preguntas si bien periódicamente, no con exageración extrema esperando la mínima variación para intervenir. Según las respuestas será la periodicidad. Tener una monitorización continua incapacitante con bienestar fetal no es congruente. De la misma manera tampoco podemos caer en corrientes llamadas de humanización donde no hagamos nada y dejemos que la naturaleza tome su curso. Recordemos que la misma naturaleza también nos arrebata bebés y a sus madres de la misma manera. Por lo que no monitorizar o dejar que los nacimientos sean muy largos y desgastantes tampoco tiene ningún mérito y puede traer riesgos innecesarios.

No existen malos procedimientos sino malas indicaciones y malas decisiones. Queremos curarnos en salud algunos y otros dejarnos a la mano del destino. Hay terquedades tanto de médicos, como de pacientes y como de Doulas y no hay forma donde una deba jalar más que otro, sino estar con el claro objetivo de entregar buenas cuentas haciendo lo que se necesita. Ni más ni menos.

No creo estar haciendo el descubrimiento del siglo, individualizar y personalizar es concreto, coherente y correcto. No podemos caer en la trampa de que un nacimiento humanizado es sólo el que no usa intervenciones, porque también puede haber fórceps humanizados o cesáreas humanizadas. La verdadera humanización es ver en el otro a una persona única y responder a sus necesidades. No anteponer la propias y mucho menos crear necesidades por medio de complicaciones producidas por malos manejos. Lo que si no tiene perdón es mentir y decir que existe una necesidad cuando no la hay.

Mitiguemos el dolor si lo hay, aceptemos la tolerancia a este cuando nos lo dicen, pero no obliguemos analgesias innecesarias y tampoco obliguemos a sufrir dolor con la excusa de que es mejor. La anestesia tiene muchos beneficios, no daña a la madre ni al bebé pero estemos claros en su necesidad puesto que su administración puede tener algún incidente.

Igualmente las cesáreas o fórceps. Ante una necesidad no se discuten, pero en el desarrollo de los nacimientos podemos observar a veces cambios muy marcados, que en un momento nos lleven a querer adelantarnos a los hechos y realizar procedimientos no justificados. Por otro lado es igualmente coherente no esperar a tener una complicación para actuar, la mayoría de las complicaciones tienen inicios lentos en donde se puede reevaluar y decidir alguna acción. Esta es la razón de supervisar los nacimientos para hacer detecciones tempranas de los riegos. Insisto tener claras las necesidades y actuar acorde. Esto hace una personalización de los nacimientos.

Otro aspecto que no he tocado con la personalización de los nacimientos es la responsabilidad de este nacimiento. Por años hemos querido cargar la responsabilidad de los nacimientos a los médicos y en cuanto hay un resultado el médico lo asume inmediatamente en su totalidad sea favorable o desfavorable. La personalización de los nacimientos también invita, y hasta obliga a que así como cada caso es distinto y se individualiza cada persona involucrada debe tener clara su responsabilidad. Esta se conoce por medio de la educación que todos debemos tener. Los médicos como autoridad científica debemos dar información a las pacientes pero también las pacientes deben estar informadas y asumir su parte en el nacimiento. Acudir a sus consultas, avisar de los cambios, platicar expectativas y acordar posibles soluciones. Personalizar también es que el mismo médico se asuma como persona humana y comunique sus necesidades. También hay hospitales donde no nos sentimos cómodos por múltiples razones. Nos podemos encontrar en distancias considerables y necesitamos ser notificados con tiempo suficiente para poder acudir a alguna atención. Todo gira en necesidades, responsabilidades y en comunicación antes que nada.

Las necesidades de cada persona son distintas y aunque hay consenso sobre las necesidades básicas, también tendremos que tener muy claro que el concepto de seguridad es el que rige, debe regir y seguirá rigiendo las actitudes con respecto de los que practicamos la obstetricia. Esto quiere decir que las necesidades que cada paciente y cada nacimiento tengan pueden ir evolucionando y muchas veces pueden cambiar en cuestión de segundos de algo que parece estar bajo control sin riesgo alguno a situaciones de extrema gravedad entre la vida y la muerte. Es por eso que la práctica médica tiene también SUS necesidades mínimas para poder otorgar una atención de calidad y con los mínimos riesgos posibles, a su vez también se tienen o se realizan actitudes que responden a necesidades mínimas para hacerle frente a una eventualidad en el menor tiempo posible.

Esto es de suma importancia porque hay que reconocer que todos los que intervenimos en un nacimiento tenemos necesidades y esas necesidades deben ser comunicadas y acordadas. Ningún extremo puede jalar más que otro, puesto que como he insistido muchas veces, todos buscamos un resultado satisfactorio. A veces no es posible atender las necesidades de todos al mismo tiempo y tendremos que priorizar las necesidades según sea el caso. Por esto pienso que el punto es ir mucho más allá de los partos humanizados, creyendo que un parto humanizado es aquel que debe llevarse a cabo sin ninguna intervención y atendiendo tanto necesidades como a veces necedades de las personas involucradas.

Basemos todo en una relación de confianza y de honestidad y pongamos todos, nuestras necesidades sobre la mesa para llegar a acuerdos. Es increíble la cantidad de médicos que inventan necesidades para hacer procedimientos invasivos innecesarios, es cierto, pero también es apabullante la cantidad de instructoras prenatales que advierten a las pacientes que no es necesario nunca un bloqueo epidural y aunque estén con llanto inconsolable y con dolores muy severos las presionan diciéndoles que como mujeres están hechas para parís sin nada de apoyo.

Nadie debemos de exagerar, nadie, sin embargo es la futura madre la que siempre tiene la última palabra en decidir a quién le entrega su confianza y en últimos casos la seguridad de su familia.

He sido siempre un defensor de los nacimientos no medicalizados y de los procesos fisiológicos a más no poder, pero no puedo dejar de señalar que las complicaciones sí existen, que las tragedias sí pasan y si bien sabemos que las complicaciones rondan el 3%, no hay hasta ahora métodos 100% precisos para prevenir una complicación o saber quien sí o no se va a complicar de forma severa. Los datos de mortalidad materna con todo el conocimiento o tecnología actual llegan a ser igual en el mundo entero y en los países con más recursos y tecnología siguen muriendo madres jóvenes por hemorragias o por enfermedades Hipertensivas inducidas por el embarazo. Si esto pasa en grandes instituciones donde los recursos están a metros de distancia en salas de labor controladas, también puede suceder en los partos atendidos en casa, en la bañera. No estoy desalentando ningún tipo de nacimiento, sólo no estemos ciegos a las realidades de los nacimientos que muchas veces ese 3% que menciono mucho termina siendo la muerte de la madre y del bebé.

Por eso además de indicaciones absolutas para los procedimientos invasivos, también existen las llamadas indicaciones relativas, estas son las que pueden ser discutidas o que implican una segunda opinión para resolverse. Desafortunadamente son infinitas las indicaciones relativas para actuar de tal o cual forma. Estas SI están basadas enteramente en las preferencias tanto del binomio madre-hijo, como del cuerpo médico. Estas giran alrededor de propuestas que se aceptan o se rechazan según sea el caso.

Si ven, ahora la situación parece un poco más compleja de lo que parece de forma inicial, lo importante y mi mejor consejo es que no se puede basar un nacimiento en ideales inamovibles ni en prejuicios arraigados. Tanto un embarazo como el mismo nacimiento pueden iniciar con un plan establecido y tener cambios muy marcados durante su desarrollo. Queriendo decir en términos muy claros, las Necedades han matado a más madres e hijos que cualquier cesárea o fórceps.

-Tomar en cuenta las necesidades de todos los involucrados.

-Velar por la seguridad de la madre y el bebé

-Ser honesto y abierto a los cambios

-Oír opiniones

-Tomar decisiones en equipo

-Ser cerrado a sugerencias

-Actuar de forma egoísta o sin ética

-Decidir sin valorar pros y contras.

-Todo lo que no se menciono en las dos anteriores!

-Todo lo que no se menciono en las dos anteriores!

EPÍLOGO

Los seres humanos no dejamos de buscar nuevas respuestas a preguntas milenarias, siendo muchas veces que las respuestas más antiguas siguen siendo las más aproximadas a la verdad.

Sin embargo es también muy necesario reconocer que los tiempos van cambiando y así mismo la sociedad y la cultura evoluciona ya sea para nuestra satisfacción o desagrado, siendo que con respecto a los nacimientos todas las denominaciones o estrategias de la actualidad se apliquen exclusivamente a un sector de la población demarcado por un tiempo y espacio que invariablemente se modificará y dejará los conceptos usados como una moda o costumbre del pasado.

Mi propuesta no es nada ambiciosa, más bien es muy humilde y sencilla, puesto que dar a cada quien lo que necesita, cuando lo necesita es en realidad una actitud simple y de aplicación universal.

Dejemos de ser reacios a los cambios y entendamos que en esta vida no puede ser todo blanco o negro. Los absolutos por definición son rígidos y si bien tienen aplicaciones y justificaciones indiscutibles, también son motivo de vejaciones innombrables.

La personalización de los nacimientos es una necesidad patente y vigente, que nos debe orientar a la personalización absoluta de prestación de servicios y de relaciones humanas. Espero con todo mi corazón que entendamos esto lo antes posible, por el bien de toda la humanidad.

Dr. Claudio M. Góngora 2018

SOBRE EL AUTOR

Dr. Claudio MacGregor Góngora Lastra. Nacido en la Ciudad de México en 1977. Médico Cirujano por la Universidad Anáhuac. Especialista en Ginecología y Obstetricia por la Universidad La Salle. Diplomado en Reproducción Asistida y en Cirugía de Mínima Invasión.

Recertificado por el Consejo Mexicano de Ginecología y Obstetricia.

Miembro del Colegio Mexicano de Ginecólogos y Obstetras.

Práctica Privada principalmente en el Hospital Español, Hospital Ángeles Lomas y en el Centro Médico ABC.

Contacto en:

GINESTET Interlomas: Pasaje Interlomas 4-203. Colonia Magnocentro. Huixquilucan, México 52787

Teléfonos: 52451626 y 36050951

dr.cglm@yahoo.com

www.facebook.com/ginecologomexico